사무엘 모르스

리빙북
www.livingbook.kr

사무엘 모르스
호기심이 많은 아이

도로시아 스노우 지음
도로시 베일리 모르스 그림
오소희 옮김

차례

1. **질문! 질문! 또 질문!**
   1. 왜? ...9
   2. 어떻게? ...13
   3. 어디서? ...18

2. **호기심과 고양이**
   1. 왜 정전기가 일어날까? ...24
   2. 호기심 많은 고양이 ...29
   3. 호기심 때문에 ...31

3. **불이야! 불이야! 불이야!**
   1. "넌 그림을 정말 잘 그려." ...38
   2. 소방차는 어떻게 생겼나? ...44
   3. 동생 덕분에 ...46

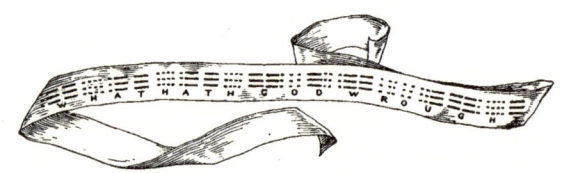

4. 대단히 훌륭한 풀 씨
   1. 보스턴 가는 날 ...54
   2. 날아가는 백조 ...56
   3. 무엇을 배웠나? ...63

5. 토끼와 거북이
   1. 경주 ...70
   2. 가는 도중에 ...74
   3. "핀리, 넌 마치 토끼 같구나." ...80

6. 말하는 절구
   1. 농장일 돕기 ...84
   2. 쾅! 쾅! 쾅! ...92

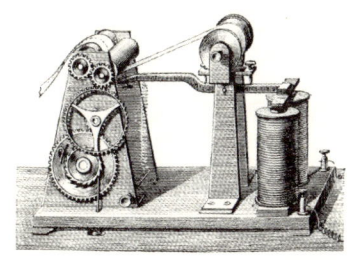

7. 보이지 않는 편지
   1. "포기했어?" ...98
   2. 우연히 ...102
   3. 절대 포기하지 않는 아이 ...106

8. 앤도버의 아카데미
   1. "학교로 돌아가!" ...110
   2. 평화의 파이 ...114
   3. 발표회 날 ...119

9. 시험에 통과할 수 있을까
   1. 마음만으로는 안 되지 ...125
   2. 가족 그림 ...129
   3. 시험 ...133

10. 네모난 말뚝
    1. 공부하기 싫어 ...137
    2. 새로 발견한 즐거움 ...140
    3. 런던으로 ...146

11. 온 세상이 놀란 발명품
    1. 화가가 된 사무엘 ...152
    2. 번개가 더 빠르지요 ...157
    3. 발명으로 가는 길 ...162

12. "하나님이 얼마나 놀라운 일을 하셨는가!"
    1. 첫 번째 시험 ...169
    2. 전신기의 아버지 ...173

무슨 뜻일까요? ...177
여러분, 기억하나요? ...178
함께 생각해볼까요? ...179
사무엘 모르스가 살았던 시절 ...180

1
질문! 질문! 또 질문!

1. 왜?

 1795년, 화창한 햇살이 내리쬐는 어느 따스한 봄날이었다. 네 살이 된 사무엘 핀리 브리즈 모르스는 침대에서 일어났다. 그리고 창문으로 달려가 밖을 내다보았다.

"로빈새다!" 그가 소리쳤다. "낸시, 저것 봐." 그가 몸이 뚱뚱한 유모에게 몸을 돌리며 말했다. "봄이 되면 어디서 로빈이 나타나는 걸까?"

낸시는 서랍장 위에 놓인 따뜻한 물에 헝겊 끝을 적셨

다. 그리고 헝겊을 꼭 짜서 비누를 묻혔다.

"따뜻한 남쪽에서 오는 거란다." 낸시가 말했다. "이리 온, 핀리. 얼굴을 닦아 줄게. 아침 먹을 시간이야."

"로빈은 왜 여기서 살지 않고 떠나죠? 아, 아파." 낸시가 귀 뒤를 닦아주자 핀리는 빠져나가려고 했다.

"로빈은 겨울이나 눈을 싫어하거든. 이제 얼굴과 손이 깨끗해졌구나."

"왜 로빈은 겨울이나 눈을 싫어하죠?"

"코가 빨개지거든." 낸시가 숱이 많은 그의 머리를 빗겨주었다.

핀리가 키득거렸다. "로빈은 코가 없어요. 부리가 있지! 그리고 가슴이 빨개요. 왜 로빈은 가슴이 빨갈까?"

착한 낸시가 웃었다. "질문 상자가 또 시작됐구나, 그렇지? 원, 이렇게 질문이 많은 아이가 또 있을까? 옆에 있는 사람이 대답하느라 일도 못 하겠어."

"배고파요. 가서 아침 먹어도 돼요?"

"그래." 낸시가 마지막으로 그의 머리를 손으로 다듬었다. "질문하면 안 된다."

"알았어요." 핀리가 약속했다.

"이리 온, 핀리. 얼굴을 닦아 줄게. 아침 먹을 시간이야."

그는 진지한 표정을 지으며 계단을 내려가 식당으로 갔다. 제디디아 모르스 박사와 그 아내가 이미 식탁에 앉아 있었다. "굿모닝, 아빠. 굿모닝, 엄마." 그가 말했다.

"굿모닝, 핀리." 모르스 박사가 말했다.

모르스 부인은 미소를 지으며 핀리의 뺨에 입을 맞추었다. "오늘 아침에는 말쑥하구나." 그녀가 착하다는 듯이 말했다.

"감사기도를 드리자." 모르스 박사가 조용히 말했다.

그들은 고개를 숙였다. 마침내 기도를 끝내자 모르스 부부가 자리에 앉고 핀리도 자기 의자에 올라앉았다.

낸시가 김이 모락모락 오르는 오트밀 죽 그릇을 가져왔다. 핀리는 부모님이 자기 그릇에 크림을 붓고 숟가락을 들 때까지 기다렸다. 그리고 나서 그도 자기 그릇에 크림을 붓고 먹기 시작했다.

세 숟가락을 먹은 핀리가 갑자기 말을 꺼냈다. "로빈! 아빠, 로빈 봤어요? 로빈이 왔으니까, 이제 봄이죠?"

모르스 박사가 숟가락을 내려놓았다. 그는 엄한 표정을 지었다. "아이들은 식사할 때 말을 하면 못쓴다."

핀리는 잠시 두 입술을 꼭 다물었다. 절대로 질문을 해서는 안 된다. 이제부터 생쥐처럼 조용히 있어야 한다.

네 숟가락을 더 뜨고 나서 그는 로빈이 생각났다. 그러자 입에서 불쑥 말이 튀어나왔다. "아빠, 왜 로빈은 가슴이 빨갛죠?"

"핀리!" 어머니가 말했다.

그는 또다시 두 입술을 꼭 다물었다. 그렇게 불쑥 질문할 생각은 아니었다. 그러나 왜 그런지 몹시 궁금했다. 그는 로빈의 새빨간 주홍색 가슴 털이 좋았다.

핀리는 주석으로 만든 숟가락으로 그릇의 바닥을 긁어 먹었다. 그는 컵에 든 우유를 다 마셨다. 그리고 윗입술에 묻은 우유를 닦았다.

아버지가 그에게 고개를 한번 끄덕였다. "이제 일어나도 된다, 핀리. 낸시에게 가서 내가 오늘 아침 러셀 양을 방문할 때 너를 데리고 간다고 말씀드려라."

"알았어요." 핀리가 의자에서 내려갔다. 그리고 한쪽 발이 마루에 닿자 고개를 돌렸다.

"아빠, 로빈은 왜 깡충깡충거리며 뛰죠?"

모르스 박사는 더 이상 참을 수가 없어 방에서 뛰어 나갔다! "질문! 질문! 질문! 넌, 왜 그렇게 항상 질문만 하는 거냐?"

2. 어떻게?

몇 분 후 핀리는 자기 방으로 돌아왔다. 낸시가 다시 그의 얼굴과 목과 귀를 씻어주었다. 그러는 동시에 낸시는 아기 침대에서도 눈을 떼지 않았다. 핀리의 남동생 시드니가 거기에 누워 공중에 발을 차고 있었다.

낸시는 핀리가 가장 좋은 옷인 세마포 셔츠 입는 것을 도와주었다. 그리고 다시 머리를 빗겨주었다.

"자, 아빠와 함께 다닐 때 예의를 잘 지키는 것 잊지 마라. 그리고 질문하면 안 돼, 알겠지?" 그녀가 말했다.

"노력할게요."

핀리는 진심으로 그럴 생각이었다. 그는 아버지가 교회 사람들의 집을 방문할 때 따라가는 것을 좋아했다.

모르스 부인은 크고 네모진 집의 문앞에 서 있었고, 핀리는 아버지와 함께 손을 흔들어 인사를 했다. 메인 스트리트에 있는 그 집은 매사추세츠 주 찰스타운에 있는 회중파 교회목사의 사택이었다.

벽돌로 포장된 길을 열두 발짝쯤 걸어가던 핀리가 물었다. "왜 우리 집에는 포치가 없어요?"

모르스 박사는 작고도 단단한 아들을 내려다보았다. 그는 어렴풋이 미소를 지었다. 때때로 그는 질문이 진지하다고 생각되면 대답을 해주었다.

"포치는 그 집에 사는 사람들의 허영심을 보여주는 거란다. 우리는 허영심을 가지면 안 돼."

"아, 그래서 러셀 양 집 앞에는 커다란 포치가 있는 건가요?"

"에헴! 어리석은 질문은 하지 마라, 알겠니?"

마차가 옆으로 지나갔다. 그 안에 앉아 있던 고급옷을 차려입은 여자가 공손하게 인사를 건넸다. 말을 타고 지나가던 남자가 고개를 숙이며 인사를 했다. 집 앞에서 계단을 쓸고 있던 여자가 고개를 들어 인사를 했다. "안녕하세요, 모르스 박사님."

핀리는 자랑스러웠다. 찰스타운에 사는 사람들 모두가 그의 아버지를 알아주는 것 같았다. 찰스 강 바로 건너편에 있는 보스톤에서도 그의 아버지는 잘 알려져 있었다. 그는 목사이면서 학자이자 교수였다. 그리고 많은 사람들이 그가 집필한 지리책을 공부했다.

갑자기 핀리에게 무슨 생각이 떠올랐다. "러셀 양이 오늘 아침에도 케이크를 주실까요?"

모르스 박사는 인상을 찌푸리며 엄하게 말했다. "우리는 지금 달콤한 음식으로 배를 채우는 게 아니라, 러셀 양의 영혼을 구원하기 위해서 방문하는 거다."

"하지만 지난번에 그 댁에 갔을 때는 러셀 양이 케이크를 주셨어요."

"그때는 오후 차를 마시는 시간이었어. 지금은 아침이야."

그들은 점점 마을 중심지에 가까워졌다. 언덕 위에 서 있는 회중파 교회의 높은 탑이 핀리의 눈에 들어왔다. 아버지는 그 교회의 목사였다. 교회는 새로 지어진 것이었다. 독립전쟁 때 영국 군인들이 교회 건물을 불태웠기 때문이다.

그 뒤로 더 높이 솟아있는 벙커힐과 브리즈힐도 보였다. 영국군인 '빨간 코트'와 미국의 '애국자'들이 거기서 싸웠다. 그 전투로 찰스타운이 거의 다 파괴되었다. 낸시는 종종 핀리를 데리고 그곳에 가서 전쟁 이야기를 들려주었다.

모르스 박사와 핀리는 중심지를 지나갔다. 그곳은 한밤중에 렉싱턴으로 말을 달려갔던, 그 유명한 폴 리비어가 달려간 길이다. 낸시는 핀리에게 리비어 씨가 보스턴에서 찰스타운으로 가는 길에 어떻게 거기 사는 모든 주

핀리는 자랑스러웠다. 찰스타운에 사는 사람들 모두가
그의 아버지를 알아주는 것 같았다.

민들에게 신호를 보냈는지 이야기해주었다. 리비어 씨는 아직도 보스턴에서 은세공일을 하며 살고 있었다. 핀리는 아버지를 따라 그의 상점에 간 적이 있었다. 핀리는 구경하고 싶은 것들이 너무 많아서 그 상점을 떠나고 싶지 않았었다.

중심지에 있는 집들은 모르스가 사는 지역의 집들보다 더 크고 더 화려했다. 어떤 집에는 포치와 기둥과 꽃밭이 있었다.

그 중에서도 가장 화려한 집을 향해서 걸어가던 도중 핀리가 말했다. "우리도 이런 집에서 살았으면 좋겠어요."

"핀리!" 아버지가 엄하게 말했다. "다른 사람이 가진 것을 탐내면 안 된다." 그는 멈춰 서서 아들의 얼굴을 들여다보았다. "기억해라. 집 안에 들어가면 아무것도 만지지 마라. 다른 사람이 말을 걸기 전에 먼저 무슨 말을 해서도 안 된다. 그리고 질문하면 절대 안 돼!"

"알겠습니다!"

질문하면 안 된다! 그러나 만일 질문을 하지 않는다면, 궁금한 것을 어떻게 알 수 있단 말인가?

3. 어디서?

핀리는 이제 러셀 양의 커다란 집에 들어와 거실에서 몸을 펴고 꼿꼿이 앉아 있었다. 손을 포개서 무릎에 얹고, 시선은 앞을 바라보았다.

키가 높은 창문에 드리운 비단 커튼에는 꽃 자수가 놓

여 있었다. 그는 자수를 보며 그 꽃이 무슨 꽃인지 궁금했다. 벽난로 위 선반에는 은촛대가 반짝거렸다. 집에 있는 주석촛대는 왜 저 은촛대만큼 반짝거리지 않을까? 마룻바닥에는 장미꽃 무늬의 부드러운 카펫이 깔려있었다. 러셀 양은 이렇게 아름다운 카펫이 어디서 났을까? 목사 사택에 있는 것들은 모두 회색이거나 밤색이다. 실용적이기만 하고 멋은 없다. 하지만 러셀 양의 집처럼 항상 이렇게 예쁜 색에 둘러싸여 산다면 얼마나 좋을까?

"그렇군요." 모르스 박사가 말했다. "그래서 요즘은 윈슬로 부인이 집안일을 해주는군요."

러셀 양의 통통한 장밋빛 얼굴이 진지하게 변했다. "네, 모르스 박사님. 제가 여기 와서 살라고 했어요." 그녀가 깊은 한숨을 내쉬었다. "돈이 많이 들어요. 하지만 마을의 가난한 사람들을 도와주어야 하니까요."

핀리는 자기가 마을의 가난한 사람이 아니어서 다행이라고 생각했다. 가난한 사람들은 누가 먹여주고 재워주기만 한다면 무슨 일이라도 마다치 않고 해야 했다. 그리고 그는 윈슬로 부인을 도와줄 가족이 아무도 없다는 사실을 알고 있었다.

"러셀 양이 틀림없이 윈슬로 부인을 친절하게 대해주시겠지요." 모르스 박사가 말했다.

그들은 끝없이 대화를 나누었다.

핀리는 몸을 비틀기 시작했다. 그는 다리를 흔들었다. 그의 짧은 다리가 마룻바닥에 닿지 않았다. 그리고나서 코를 문질렀다. 그는 파리가 방안을 날아다니다가 나가는 모습을 보았다.

케이크는 어디 있을까? 러셀 양이 케이크를 안 주시려나? 핀리는 묻고 싶었다. 그러나 기억이 났다. 질문하면 안 된다.

마침내 모르스 박사가 떠나려고 일어섰다. 핀리는 의자에서 내려갔다. 러셀 양과 아버지는 현관 쪽으로 걸어가면서도 계속해서 이야기했다. 핀리는 그들을 따라 출입문 쪽으로 갔다.

갑자기 그의 코가 실룩거렸다. 이 맛있는 냄새가 뭐지? 어디서 나는 걸까? 핀리는 아버지와 러셀 양을 올려다보았다. 그들은 아직도 이야기하고 있었다. 그래서 그는 돌아서서 걸어갔다.

현관 반대편에 있는 문틈을 들여다보았다. 그곳은 부엌

손 하나가 올라갔다. 생강빵이 내려왔다.

이었다. 윈슬로 부인이 벽난로 불 위에 걸려 있는 커다란 검은색 냄비를 젓고 있었다. 그러나 냄새는 거기서 나오는 것이 아니었다.

윈슬로 부인은 계속해서 저었다. 그녀는 핀리가 들어오는 소리를 듣지 못했다. 핀리는 두리번거렸다. 그러다가 부엌 저쪽에 또 다른 방을 보았다. 그곳에는 선반에 접시가 가지런히 놓여 있었다. 식료품 저장실인 것 같았다. 어쩌면 냄새가 저기서 나오는지도 모르겠다.

핀리는 부엌을 가로질러 식료품 저장실로 갔다. 거기에는 선반 위에 두꺼운 옹기 접시가 있었고, 그 접시에는 생강빵이 가득 놓여 있었다.

손 하나가 올라갔다. 생강빵이 내려왔다. 핀리는 모르스 박사가 부엌에 들어오는 것을 보지 못했다. 그가 막 케이크를 입에 넣자마자, 당황해서 어쩔 바를 모르는 아버지의 목소리가 들렸다.

"사무엘 핀리 브리즈 모르스!"

핀리는 재빨리 케이크를 씹어먹었다. 얼른 목구멍으로 넘기고 나서 고개를 돌렸다. 러셀 양이 어쩔 줄 몰라하며 웃고 있었다.

"어린아이들이 케이크를 저렇게 좋아하는데 내가 그만 깜빡 잊었네." 그녀가 말했다. "생강빵을 대접해주었어야 했는데."

모르스 박사는 웃지 않았다.

이제 핀리는 기분이 좋기도 하고 나쁘기도 했다. 그는 집에 가자마자 매를 맞을 것을 알았다. 하지만 향기로운 냄새가 어디서 나오는지 아무에게도 질문하지 않고서 혼자서 알아내지 않았는가!

2.
호기심과 고양이

1. 왜 정전기가 일어날까?

　　어느 가을날 아침, 핀리는 부엌의 마룻바닥에 앉아 있었다. 핀리네 애완용 고양이 타이거가 그 옆에 앉아 기분이 좋은 듯 가르랑거렸다. 핀리는 그의 털을 쓰다듬고 있었다.

　그러다 갑자기 핀리가 일어섰다. 그는 부엌에서 달려가면서 문을 쾅 닫았다.

　낸시가 그 모습을 보았다. 그녀는 고개를 설레설레 흔들며 조용히 말했다. "저 녀석이 또 저렇게 재빨리 뛰어가는

핀리는 그의 털을 쓰다듬고 있었다.

군! 꼭 벌에 쏘인 사람 같아."
 뒷마당에서 찢어지는 휘파람 소리가 두 번 들렸다.
 낸시는 티끌 한 점 없이 말끔하게 청소해놓은 부엌을 돌아보며 생각했다. "이 부엌이 순식간에 엉망이 되겠군. 게다가 빌리도 놀러 올 테니."
 그녀의 생각이 맞았다. 순식간에 핀리가 돌아왔다. 빌리 보웬도 같이 왔다. 빌리는 옆집에 사는 소년이었다.
 핀리와 빌리는 걸음마를 시작할 때부터 친한 친구였다.

그들은 학교만 빼고 무엇이든 함께 했다. 핀리는 랜드 부인의 집에 가서 배웠고, 빌리는 어머니가 집에서 글을 가르쳐주었다.

"핀, 뭔데?" 빌리가 물었다. "나한테 보여줄 게 있는 거지?"

"그래." 핀리가 말했다. "내가 휘파람 두 번 불면 그런 뜻이야. 이리 와 봐." 그는 고양이에게 가서 그 옆에 앉았다. 고양이는 계속해서 가르랑거렸다. 그러자 핀리가 타이거의 털을 또다시 쓰다듬었다. 정전기가 번쩍 일어났다.

"봤어?" 그가 소리쳤다. "마치 우리가 부싯돌로 불붙이는 것 같잖아!"

빌리도 무릎을 꿇고 앉아 타이거를 쓰다듬었다. 정전기가 더 일어났다.

핀리는 흥분해서 눈이 반짝거렸다. "낸시, 무엇 때문에 타이거 몸에서 정전기가 일어나죠?"

그녀는 손에서 밀가루를 닦았다. "나도 모르겠는데." 그녀가 솔직하게 말했다. "하지만 어떤 사람들은 그걸 전기라고 불러."

"전기?" 핀리가 말했다. "전기가 뭐예요?"

낸시는 벽난로 옆에 있는 오븐 문을 열었다. 그리고 빵 반죽을 그 안에 밀어 넣었다. 그리고 나서 대답했다. "네 아버지께서 그러시는데 벤자민 프랭클린 씨가 폭풍이 오는 날 하늘에 연을 띄우면서 발견을 했다는구나."

핀리는 낸시가 한 말을 곰곰이 생각했다. "폭풍이 오면 번개가 치는데, 그러면 전기는 번개 같은 건가요?" 그가 물었다.

낸시가 한숨을 쉬었다. "나도 잘 몰라. 전기에 대해서 제대로 아는 사람이 없는 것 같아." 그녀는 마지막으로 빵 반죽을 들여다보고 나서 오븐 문을 닫았다.

핀리는 고양이에게로 몸을 돌려 다시 쓰다듬었다. "마치 부싯돌에서 불이 번쩍 튀는 것 같아." 그가 말했다. 그는 타이거를 안았다. "빌리, 가자."

"어디 가니?" 낸시가 물었다.

"타이거로 불을 붙일 수 있는지 보려고요." 핀리가 대답했다.

두 소년이 방에서 걸어나가려고 하자 낸시가 막았다. "사무엘 핀리 브리즈 모르스!" 그녀가 소리쳤다. "그 고양이를 내려놔라! 고양이 털 정전기로 불을 붙일 순 없어.

그 정도로는 안 돼. 게다가 지금은 학교에 갈 시간이야."

핀리가 고양이를 내려놓자, 그것은 허둥지둥 탁자 밑으로 들어갔다. 핀리는 낸시가 자기 이름을 그렇게 다 부르면, 고분고분 순종해야 한다는 것을 잘 알고 있었다. 그는 즉시 뒷문으로 갔다.

낸시가 핀리를 내려다보았다. "호기심이 많으면 고양이가 어떻게 된다구?" 그녀가 미소를 지으며 말했다.

"고양이가 죽어요." 핀리가 즉시 대답했다. "아빠가 그랬어요." 그가 방에서 나가며 말했다. "호두를 주워 왔을 때 엄마가 주신 페니 동전을 가지고 가도 돼요?" 그는 빌리와 함께 보웬 씨 농장에 가서 호두를 바구니 한가득 주워 왔었다.

"그래. 하지만 잃어버리지 마라."

"알았어요." 핀리가 약속했다.

학교에 가는 길에 핀리는 타이거의 털에서 나오는 정전기 생각을 계속했다. 전기가 뭘까? 프랭클린 씨의 연이 전기와 무슨 상관이람? 왜 타이거 몸에서는 계속 정전기가 일어나는 거지?

2. 호기심 많은 고양이

핀리는 곧장 학교에 가려고 했다. 학교는 마을의 중심가를 지나 언덕 위에 있는 랜드 부인의 크고 하얀 집이었다. 그러나 그는 가다가 멈춰 서서 다람쥐가 이 나무에서 저 나무로 날아다니는 모습을 구경했다. "다람쥐는 어떻게 저렇게 멀리 날 수 있을까?" 그가 혼자서 물었다.

그는 계속 걸어갔다. 뚱뚱한 돼지가 길에서 뒤뚱뒤뚱 걸어가고 있었다. "돼지는 왜 그렇게 많이 먹는 걸까? 많이 먹으면 먹을수록 더 빨리 죽는다는 걸 모르나?"

"찌르르…… 찌르르……."

핀리가 눈을 들어 두리번두리번 거리자 마침내 작은 박새가 높은 느릅나무 위에서 노래하고 있었다. "왜 박새는 저렇게 우스운 소리를 낼까? 그리고 왜 까마귀는 깍깍거릴까? 왜……."

그는 빵 가게 앞에서 멈췄다. 진열장에는 계피빵이 가득 쌓여 있었다. "저것들은 무슨 맛일까?"

그는 주머니에 손을 넣어 페니 동전을 만져보았다. "무슨 맛인지 알아내야지." 그가 혼자서 말했다. 그리고 가게

안으로 들어갔다.

그는 계피빵 두 개를 샀다. 한 개를 입에 넣고 먹으면서 가게를 나왔다. 그때 회색 고양이가 보였다. 그것은 마을 중심지의 이슬 맺힌 풀밭을 걸어왔다. 그것은 길을 건너 오더니 빵 가게 앞에 쌓여 있는 상자를 발톱으로 긁기 시작했다.

핀리는 빵을 또 한 입 베어 먹었다. '이 고양이도 정전기가 일어날까?' 그가 생각했다. "야옹, 야옹, 야옹아." 그가 불렀다.

그 고양이는 고개를 들어 올려다보았다. 핀리는 고양이에게 가서 털을 쓰다듬었다. 그 털은 이슬에 젖어 있었다. 정전기는 일어나지 않았다. 그것은 다시 상자를 긁기 시작했다.

"흠……." 핀리가 말했다. "어쩌면 이 고양이가 아버지와 낸시가 말하던 호기심 많은 고양이인지도 몰라. 하지만 아니야. 그럴 리가 없어. 호기심이 많으면 고양이가 죽는다고 했으니까."

그는 또 빵을 한 입 베어 먹었다.

"야옹." 고양이가 말했다.

그러나 그 고양이는 호기심이 가득했다. 그것은 상자 위로 기어올라 빗물 받는 통을 들여다보고, 다시 내려와 가게 옆으로 걸어갔다.

핀리는 고양이를 따라 뒷 마당으로 따라갔다. 담장도 몇 개 넘었다. 그는 아버지의 교회를 지나서 계속해서 뒷 마당을 걸어갔다. 언덕을 올라 집들을 지나갔다.

그 고양이는 어느 집에 가더니 계단을 올라갔다. 그리고 문을 긁으며 큰 소리로 야옹거렸다. 문이 열렸다.

"오, 아가야, 들어 온." 이렇게 말하는 소리가 들렸다.

핀리는 그 목소리를 알고 있었다. 전에도 여러 번 들었다. 그 고양이는 호기심 많은 고양이가 아니라 학교 선생님 랜드 부인의 고양이였다!

3. 호기심 때문에

랜드 부인은 자기 집의 크고 따뜻한 거실에서 아이들을 가르쳤다. 그녀는 장애인이었기 때문에 거의 항상 의자에 앉아 있어야 했다. 하지만 아이들이 떠들지 못하도록 기다란 지팡이를 들고 있었다.

"패트릭 페킨스, 가서 네 의자에 앉아라!" 그녀가 세 살

된 소년에게 말했다. 패트릭이 자리에서 일어나 고양이를 뒤쫓고 있었기 때문이다.

　방 가운데는 우유 그릇이 있었다. 회색 고양이가 그것을 핥아 먹기 시작했다.

　핀리는 외투를 벗어서 벽난로 옆에 박혀 있는 나무못에 걸었다. 그리고 세 발 달린 자기 의자에 앉았다.

　그 학교에는 아이들이 여덟 명 있었다. 핀리와 사무엘 배럴이 제일 나이 많은 아이였고, 두 살짜리 페이션스 호우가 제일 어린아이였다. 랜드 부인이 페이션스에게 할 수 있는 일이라고는 장난을 못 치도록 감시하는 것뿐이었다.

　아이들은 랜드 부인 앞에 반원으로 둘러앉아 있었다. 그녀는 한 손에 지팡이를 잡고, 다른 손에는 낡은 딜워스 철자법 책을 들고 있었다.

　"티미." 그녀가 말했다. "나와서 인사를 해봐라."

　갈색 머리의 자그마한 소년이 일어나서 앞으로 나왔다. 그는 뻣뻣하게 서서 랜드 부인에게 고개를 까닥까닥했다.

　랜드 부인은 만족한 듯 철자법 책을 열었다. 그리고 큰 글씨를 가리켰다. "이 글씨가 뭐지?" 그녀가 물었다.

　"B 예요." 티미가 대답했다.

"이건?"

티미가 몸을 앞으로 기울여 그것을 다시 관찰했다. 그는 입술을 깨물었다. 그는 그 글씨가 뭔지 생각하느라 애를 쓰며 한쪽 발로 섰다가, 다시 다른 발로 섰다.

"뭔지 알겠니?"

"J예요!" 그가 갑자기 기억났다는 듯 소리쳤다.

"이건?"

"L이어요."

티미가 계속 대답했다. 그는 알파벳을 썩 잘 알았다. 랜드 부인은 그에게 자리로 돌아가라고 고갯짓을 했다. 그녀는 몸을 기울이더니 페이션스의 머리를 툭 쳤다.

"인사를 해봐라."

어린 페이션스가 나가서 이상한 몸짓으로 인사를 했다. 그녀는 알파벳 세 개를 알았다. A, B, C. 랜드 부인은 그녀에게 D를 보여주었다.

"D." 페이션스가 말했다. "A, B, C, D!"

그러자 핀리 차례가 되었다. 그는 몸을 구부려 절을 했다. 그는 예의를 잘 배웠다. 그리고 알파벳도 거의 다 알았다. 문장도 몇 개 읽을 수 있었고, 단어를 일곱 개나 쓸

수 있었다.

"좋아." 랜드 부인이 말했다. 그리고 이렇게 덧붙였다. "너는 집중만 잘하면 뭐든 아주 잘할 수 있어."

그는 자기 자리로 돌아갔다. 랜드 부인이 사무엘 배럴을 불렀다. 샘(사무엘)은 랜드 부인이 제일 좋아하는 아이였다. 그는 항상 선생님의 질문에 정확한 답을 말했고, 집중력도 좋았다. 어쩌다 랜드 부인이 다른 아이들에게 잘했다는 칭찬을 하면 샘은 질투를 했다. 핀리는 사무엘이 지나갈 때 혀를 쑥 내밀었다. 샘은 핀리의 발을 걸어 넘어트리려고 했다.

핀리는 곧 앉아서 고양이를 관찰했다. 후룩 후룩! 그 고양이는 마지막 남은 우유 방울까지 다 마시고 나서 수염을 핥았다. 이제 그것은 방안을 어슬렁거렸다. 그리고 핀리의 다리에 와서 몸을 문질렀다. 그것은 다시 방안을 어슬렁거리다가 핀리의 의자 가까이에 있는 높은 서랍장으로 갔다. 맨 아래 있는 서랍이 반쯤 열려 있었다. 그 고양이는 서랍 가장자리에 한 발을 올려놓고 그 안을 들여다보았다.

핀리가 몸을 기울였다. 그 고양이는 호기심이 많은 고양이였다. 이제 어떻게 될까? 핀리는 숨을 죽이고 관찰했다.

그 고양이가 한 발을 서랍 속에 넣자, 반쯤 뜨개질 하다 만 목도리에 발톱이 걸렸다. 그것은 발을 빼내려고 했으나, 목도리, 실뭉치, 뜨개질 바늘이 모두 함께 나왔다. 고양이는 뒤로 물러서서 빠져나가려고 했지만, 서랍 앞쪽에 기다랗게 발톱 자국을 내버렸다.

"랜드 부인! 핀리 좀 보세요!"

'발톱 자국이 꼭 랜드 부인의 지팡이 모양이군.' 핀리가 생각했다.

바로 그때 랜드 부인이 그 지팡이를 뻗어 고양이 머리를 살짝 때렸다. 그 고양이는 껑충 뛰어 창틀로 올라갔다.

"핀리, 내 뜨개질 감을 다시 서랍에 넣어주겠니?"

"네."

핀리는 일어나서 서랍장 쪽으로 갔다. 그는 목도리를 집어넣으려다 서랍 안에 있는 커다란 핀을 보았다. 그때 갑자기 좋은 아이디어가 떠올랐다. 고양이가 발톱으로 서랍에 지팡이를 그릴 수 있다면, 그는 핀으로 그림을 그릴 수 있을 것이다. 그는 핀을 집고 서랍을 닫았다.

핀리는 랜드 부인과 학교를 완전히 잊고, 서랍 앞면을 핀으로 살살 긁기 시작했다. 그러다가 잠시 멈추어 무슨 모양이 되었는지 보았다. 물론 그는 그림을 잘 그릴 수 있다. 조금 더 긁었다.

"랜드 부인!" 갑자기 사무엘 베럴이 소리쳤다. "핀리 좀 보세요!"

랜드 부인이 쳐다보았다. "사무엘 핀리 브리즈 모르스!" 그녀가 소리쳤다. "당장 이리로 와라!"

핀리는 일어나서 천천히 선생님에게로 갔다. 랜드 부인과 아이들 모두 서랍장을 쳐다보았다.

"너! 목사님 아들인 네가! 핀을 이리 내!" 그녀는 핀을 받더니 핀리의 셔츠를 그녀의 치마에 핀으로 묶었다. 핀리는 거의 움직일 수가 없었다. "이제 말썽을 못 피우겠지." 그녀가 말했다.

핀리는 고양이를 노려보았다. 호기심 많은 고양이는 멀쩡했다. 하지만 자기는 호기심 때문에 이 꼴이 되고 말았다!

그러나 그가 서랍장에 그린 랜드 부인의 얼굴은 훌륭했다. 그녀의 기다란 코와 삼중 턱은 완벽했다!

3
불이야! 불이야! 불이야!

1. "넌 그림을 정말 잘 그려."

 여섯 살 된 핀리는 동생을 돌보고 있었다. 모르스 부부는 교회에 새로 나온 사람을 방문하러 갔고, 낸시는 하루 종일 외출 중이었다.

빌리가 와서 놀자고 했으나, 핀리는 자기 방에서 나갈 수 없다고 했다. 빌리가 방에 들어왔을 때 핀리는 아기 침대 옆에 앉아 있었다. 어린 동생 리차드가 침대에서 곤히 잠들어 있었다.

핀리는 한 손에 석판을 가지고 있었다. 다른 손에는 석판 펜을 쥐었다. 그는 리차드를 그리고 있었다.

이제 세 살이 된 시드니는 창문 앞에 앉아 있었다. 그는 책을 보고 있었다. 그러다가 자기가 아는 단어가 나오면 핀리와 빌리가 들으라고 소리내어 말했다. 시드니는 머리가 좋은 아이였다.

핀리가 석판을 들었다. "내 그림 어때?"

"똑같다!" 빌리가 놀랍다는 듯이 말했다. "넌 그림을 정말 잘 그려. 똑같이 그린다니까. 크면 화공이 될 거야?"

"화공이 뭔데?" 시드니가 물었다.

"화공은 다른 사람 얼굴을 똑같이 그려주는 사람이야." 핀리가 대답했다.

"핀, 화공이 되고 싶어?" 빌리가 또 물었다.

"글쎄……."

핀리가 대답을 채 하기도 전에 시드니가 지껄였다. "아빠가 안 된댔어."

"조용히 해!" 핀리가 날카롭게 말했다. 때때로 시드니는 핀리의 기분을 상하게 했다.

"너희 아버지는 네가 그림 그리는 걸 왜 싫어하셔?" 빌리가 물었다.

"사람이 자기 모습을 똑같이 그리는 것은 허영이래. 핀리는 눈을 가늘게 뜨고 아기 동생을 쳐다보더니 그의 귀를 그렸다. "그리고 허영은 죄래."

시드니는 그림을 보고 싶어서 창문에서 내려와 핀리 쪽으로 왔다. 그는 석판을 자세히 보려다가 그만 손으로 핀리의 팔목을 건드렸다.

핀리가 벌떡 일어났다.

"나를 핀으로 찔렀어!"

"정전기야!" 빌리가 소리쳤다. "봤어? 타이거 털에서 나오는 정전기와 똑같았어!"

"난 고양이가 아니야!" 시드니가 화가 나서 말했다. 그는 자기 손가락을 쳐다보면서 놀란 것 같았다.

"그리고 형을 핀으로 찌르지도 않았어. 봐!" 그가 손을 내밀었다. 손에는 아무것도 없었다. "그냥 형의 손목을 건드린 것 뿐이라구. 그러자 형이 벌떡 일어났어."

"다시 해 봐. 방금 한 것처럼 말이야." 핀리가 말했다. 그리고 석판을 내려놓았다.

시드니가 도로 창쪽으로 걸어갔다가, 다시 형에게로 걸

어왔다. 그는 손을 내밀어 손톱으로 핀리의 손목을 건드렸다.

또다시 정전기가 일어났고, 핀리는 살짝 찌르는 듯한 통증을 느꼈다.

"아야!" 그가 소리쳤다. 그리고 웃었다. "나도 타이거처럼 전기가 있나?"

"나도 할 수 있는지 한번 보자." 빌리가 말했다. 그리고 헝겊을 땋아서 만든 카펫을 걸어와서 핀리를 건드렸다. 역시 짜릿한 정전기가 일어났다!

"나도 해 볼래." 핀리가 말했다. 그는 손을 내밀어 빌리를 건드렸다. 아무 일도 일어나지 않았다.

"시드니에게 해 봐야지." 그가 동생에게 걸어갔다.

"안 돼! 안 돼!" 시드니가 울면서 다시 창문으로 뛰어갔다. 핀리가 카펫을 지나 그에게로 가서 시드니의 손을 건드렸다.

시드니가 비명을 지르더니 웃기 시작했다. "짜릿한 걸 느꼈어! 손이 떨렸어!" 그가 소리쳤다.

"어쩌면 이 카펫에 뭐가 있는지도 몰라." 핀리가 말했다. "이 카펫은 엄마가 모직 헝겊으로 만들었어. 모직은 양털에서 만들고. 양털은 고양이 털과 같지. 어쩌면 거기서 전기가 나오는지도 몰라."

빌리는 의심쩍다는 듯 핀리를 쳐다보았다. "말도 안 되는 소리 같아." 그가 말했다. "믿을 수가 없어. 하지만 또 해 보자."

핀리와 빌리와 시드니는 카펫 위에서 계속 발을 질질 끌면서 서로를 살짝 건드렸다. "정말 재밌다!" 핀리는 좋아서 어쩔 줄 몰라했다.

갑자기 밖에서 크고도 날카로운 소리가 들렸다. "불이야! 불이야! 불이야!" 종이 땡그랑 땡그랑 울렸다!

"가자!" 빌리가 말했다.

그는 핀리와 아래층으로 달려 내려갔다. 핀리는 아기 동생과 그림을 까맣게 잊어버렸다.

"나도 갈래." 시드니가 뒤에서 불렀다. 그는 불을 한 번도 본 적이 없었다.

"얼른 와." 핀리가 아무 생각 없이 말했다.

그들은 출입문을 열고 나가서 마당에 있는 담장 문으로 걸어갔다. 멀지 않은 곳에서 시커먼 연기가 하늘로 올라가고 있었다.

빌리 어머니가 물동이를 들고 급히 지나갔다.

"누구 집에 불이 났어요, 엄마?" 빌리가 소리 쳤다.

"중심가에 있는 톰슨네 집인 것 같아. 어서 와라. 우리 모두 도와야 해."

"가서 우리 물동이 가져올게요." 핀리가 소리쳤다.

그는 뒷문으로 뛰어갔다. 그곳에는 물동이들이 못에 걸려 있었다. 그 물동이들은 가죽으로 만들어 각각 모르스라고 이름이 적혀 있었다. 그때 핀리는 갑자기 리차드가 생각났다.

"핀, 안 올 거야?" 빌리가 고함쳤다.

"갈 수가 없어." 핀리가 말했다. "리차드 옆에 있어야 해. 아빠가 그러라고 하셨어."

"리차드는 자고 있잖아." 빌리가 말했다. "아무 일 없을 거야. 모두 다 불 끄는 걸 도와야 해."

핀리는 잠시 생각했다. 불이 나면 모든 주민이 다 도와주는 것이 의무였다. 게다가 그는 소방차가 어떻게 생겼는지 보고 싶었다. 리차드는 틀림없이 괜찮을 것이다.

핀리는 물동이를 들고 빌리 뒤를 따라 달렸다. 시드니는 벌써 보웬 부인과 함께 앞서 가 있었다. "시드니가 어디로 가는지 잘 감시해야 해." 핀리가 생각했다.

2. 소방차는 어떻게 생겼나?

보웬 부인 말이 맞았다. 크고 웅장한 톰슨 씨 집 이 층 창문에서 연기가 뿜어져 나왔다. 온 사방에서 사람들이 뛰어왔다. 남자, 여자, 아이들 모두 물동이를 들고 왔다.

"소방차가 온다! 옆으로 비켜서요!" 누군가 소리쳤다.

건장한 남자 네 명이 새빨간 수레를 끌고 왔다! 그들은 챙이 가늘고 머리 부분이 높은 가죽 모자를 쓰고 있었다.

그 소방차는 넉 달 전에 찰스타운에서 처음으로 만든 소방차였다. 대장장이 모제스 씨가 보스톤의 소방차를 본 떠 만든 것이었다. 모제스 씨는 또한 찰스타운의 소방대장이었다.

'소방차 가까이 갈 수 있다면 얼마나 좋을까?' 핀리가 생각했다. '그러면 어떻게 작동하는지 볼 수 있을 텐데.'

가장 가까운 개울에서부터 물을 나르는 줄이 이어졌다. 남자와 여자들이 줄에 서서 개울물을 톰슨 씨 집으로 날랐다. 몇 미터를 사이에 두고 그 줄 맞은 편에는 소년 소

온 사방에서 사람들이 뛰어왔다.

녀들이 빈 물동이를 개울 쪽으로 날랐다. 핀리는 집 바로 옆에 서 있는 큰 소년 옆에 비집고 들어갔다. 조금 떨어진 곳에 시드니가 줄 서 있는 모습이 보였다.

소방차는 불타는 집 가까이에 서서 물을 나르는 사람들 근처로 왔다. 이제 핀리는 소방차를 잘 볼 수 있게 되었다.

소방차에는 커다란 물탱크가 붙어 있었고, 바퀴는 통나무로 단단하게 만들어져 있었다. 탱크의 한쪽 끝에는 키가 높은 나무 상자가 있고, 그 꼭대기에 분사구가 있었다. 탱크 양옆에는 펌프질하는 손잡이가 있었다.

개울 가장 가까이에 있던 남자가 재빠르게 물동이를 채웠다. 그 물은 어른들 줄을 따라 옮겨져서 마지막에 소방차의 탱크에 부어졌다. 물동이가 계속 날라졌다. 빈 물동이는 다시 거꾸로 날라져서 핀리에게 왔다. 소년 소녀들은 빈 물동이를 날라 개울물을 채웠다.

곧 탱크에 물이 가득 찼다. 두 남자가 각각 펌프의 손잡이를 쥐었다. 그리고 아래위로 펌프질했다. 쉭! 쉭! 쉭! 분사구에서 물이 가느다란 줄기로 뿜어져 나왔다. 모제스 씨는 그 물이 불타는 창문으로 가도록 방향을 조절했다.

핀리는 만족스러운 표정으로 그 광경을 바라보았다. 소방차가 작동하는 모습은 정말 재밌었다!

3. 동생 덕분에

개울에서는 계속 물동이가 채워 날라졌다. 빈 물동이는 쉴새 없이 개울로 날라졌다. 물탱크에는 계속 물이 채워졌다. 분사구에서는 물이 쉭! 쉭! 쉭! 나와서 불붙은 창문을 향해 뿜어졌다.

핀리는 생각했다. '만일 분사구에서 물이 더 빠르게 뿜어져 나오면 불을 더 빨리 끌 수 있을 텐데, 그런 소방차를 만들 수는 없을까?'

핀리는 팔이 점점 아파져 왔다. 몸은 덥고 끈적끈적해졌다. 그러나 쉬지 않고 물동이를 날랐다.

마침내 톰슨 씨가 불타는 집의 다른 창문에서 고개를 내밀었다. "불이 꺼졌어요!" 그가 모제스 씨를 향해 소리쳤다.

"불이 꺼졌다!" 누군가가 소리쳤다. 소방차를 끌고 왔던 소방수 자원 봉사자들이 다시 소방차를 끌고 갔다. 물동이들은 개울 옆에 더미로 쌓아놓았다.

핀리는 그 더미로 가서 자기 물동이를 찾기 시작했다. 모든 물동이에는 이름이 쓰여 있었다. 마침내 그는 모르스 물동이를 찾았다. 그는 물동이들을 들고 휘파람을 불며 집으로 갔다.

그는 서둘렀다. 흥분이 가라앉자 리차드를 혼자 남겨둔 것이 기억났다. 이제 걱정이 되었다. 부모님이 아직 집에 돌아오지 않았기를 바랐다.

　집 근처에 이르자 그는 안도의 한숨을 쉬었다. 부모님이 시골에 있는 사람들을 방문할 때 늘 타고 다니는 말과 이륜마차가 아무 데도 보이지 않았기 때문이다. 그는 물동이들을 제자리에 걸어놓았다. 이제 그가 아기를 혼자 두고 나갔었다는 사실을 아무도 모를 것이다.

　핀리가 집에 들어갔다. 리차드는 아직도 잠자고 있었다. 그런데 시드니는 어디 있지? 갑자기 그 생각이 떠올랐다. 그가 물동이 나르는 줄에 선 후에 시드니를 보지 못했다. 그는 밖으로 뛰어나가 톰슨 씨 집 쪽으로 갔다. 그곳에는 몇 사람이 남아 있었다. 그러나 시드니는 보이지 않았다.

　"제 동생 시드니 못 보셨어요?" 그가 목수인 테일러 씨에게 물었다.

　테일러 씨가 미소를 지었다. "아까 소방차 뒤에 타고 가던데."

　"그래요?" 핀리가 말했다. "그럼 모제스 씨 대장간에 가 봐야겠어요."

　그는 대장간으로 달려갔다. 시드니는 거기서 모제스 씨에게 소방차에 관해서 질문하고 있었다.

핀리는 시드니의 손을 잡고 집으로 갔다. 그들이 집 가까이 이르자 이륜마차가 보였다. 아버지와 어머니가 돌아왔고, 핀리가 리차드를 혼자 남겨두고 나갔었다는 사실을 알게 되었다.

그는 집으로 들어가 자기 방으로 갔다. 차라리 얼른 매를 맞고 잊어버리는 게 낫겠다고 생각했다.

갑자기 시드니가 그를 앞질러 가더니 먼저 방으로 들어가서 부모님께 불에 관한 모든 것을 이야기했다. 그는 핀리가 어떻게 불 끄는 것을 도왔는지 말하고, 자기가 소방차를 타고 간 것도 말했다. 그리고 핀리가 자기를 찾으러 나왔다는 것 까지, 시드니는 모든 것을 다 이야기했다.

"나를 잘도 도와주는군!" 핀리는 한숨을 쉬었다.

아버지는 근엄한 표정을 지었다. "핀리, 불이 났다고 해도 어린 아기 동생을 혼자 두고 나간 것은 잘못이다."

핀리가 고개를 떨어트렸다. "네."

모르스 박사의 목소리가 약간 부드러워졌다. "하지만 시드니를 기억하고 찾으러 나간 것은 잘했다."

핀리는 동생에게 고맙다는 눈빛을 보냈다.

아버지가 계속 말했다. "그리고 아빠 엄마가 잘못했다.

"얘야, 이런 짓을 하면서 네 시간을 낭비하고 있구나."

너에게 어린 두 동생을 맡기고 나갔으니 말이다. 그런 책임을 맡기기에 넌 아직 어린데 말이다."

핀리의 마음이 하늘로 붕 떴다. 심하게 야단을 맞을까 봐 걱정하고 있었기 때문이다.

그러자 아버지의 표정이 다시 엄숙해졌다. 그는 핀리에

게 석판을 들어 보였다. 핀리는 까맣게 잊고 있었다.

"얘야, 이런 짓을 하면서 네 시간을 낭비하고 있구나. 차라리 시드니가 글을 배우도록 도와줘라."

핀리가 침을 꿀꺽 삼켰다. "네. 알겠습니다."

"아빠가 여러 번 말하지 않았니?" 아버지가 계속 말했다. "사람의 모습을 그대로 그리는 것은 귀중한 시간을 헛된 것에 낭비하는 거란다."

"네, 알겠습니다."

이제 핀리는 그림을 다시 보았다. 리차드의 입은 너무 크고, 턱은 너무 뾰족하게 그렸다. 어떻게 하면 얼굴을 똑같이 그릴 수 있을까?

"화공이란." 모르스 박사가 말했다. "떠돌이 부랑배와 다름이 없어. 그들은 이 마을에서 저 마을로 다니며 허영심 많은 사람들을 찾아다니지. 그리고 음식과 잠잘 곳과 낡은 옷 등을 대가로 받아."

"네, 알겠습니다."

"내 아들들은 절대로…… 시드니, 뭘 하는 거냐?"

"정전기 만드는 거예요, 아빠!" 시드니가 좋아서 말했다. 그는 아버지에게 다가와서 한 손가락 끝으로 아버지 손을 건드렸다.

"어떻게 그렇게 했니?" 모르스 박사가 물었다.

시드니는 모직 카펫에다 발을 질질 끌더니 다시 아버지의 손을 건드렸다. "아버지는 타이거처럼 정전기가 가득해요!" 시드니가 탄성을 질렀다.

"아, 그렇구나. 네가 카펫에 구두를 문지르면, 네 몸에 전기가 모이는구나." 모르스 씨가 설명했다. "그리고 나서 내 손을 만지면 네 몸에 있던 전기가 나에게 오는 거지. 그래서 정전기가 일어나는 거란다."

"어떻게 전기가 몸에 모여있죠?" 핀리는 어리둥절했다.

"어떤 두 가지 물건을 서로 비비면." 모르스 박사가 설명했다. " 예를 들어 가죽이나 모직 같은 것을 서로 비비면, 그 한쪽 물건에 전기가 모이지. 비빌 때 생긴 거야. 그것은 아주 작은 양이라 짜릿한 정도만 느낄 수 있어."

그는 카펫 위를 발로 문지르고 나서 모르스 부인의 뺨에 손가락을 댔다.

모르스 부인이 화들짝 놀랐다. "다시는 그러지 마세요!" 그리고 나서 웃었다.

"에헴!" 모르스 박사는 갑자기 생각났다는 듯이 말했다.

"일요일 설교 준비를 해야 해." 그는 방에서 성큼성큼 걸어나갔다. 핀리는 매를 안 맞았다.

핀리가 사랑스러운 눈으로 시드니를 쳐다보았다. 동생 덕분에 회초리를 면했다!

4
대단히 훌륭한 풀 씨

1. 보스턴 가는 날

　모르스 박사가 보스톤 가젯 신문을 뒤적였다. 그리고 천천히, 낭랑한 목소리로 그것을 읽었다.

"필립 풀 씨가 날아가는 백조 여관 이 층에 화실을 열었습니다. 누구든지 그의 견본 그림을 와서 보십시오. 훌륭한 조지 워싱턴 장군을 똑같이 그린 그림도 있습니다."

그리고 그는 신문을 접어서 내려놓았다. 그는 식탁 맞은편에 앉아 있는 핀리를 보았다. "오늘 아빠와 함께 보스톤에 가자." 그가 말했다.

핀리의 눈이 반짝거렸다. 그의 생애 일곱 해 동안 찰스타운의 강을 건너간 적은 거의 없었다.

"아빠! 지금 가서 준비할게요." 그가 소리쳤다. 그는 의자에서 내려 문으로 뛰어갔다.

"핀리! 넌 그림 말고는 제대로 완성하는 게 없구나! 와서 아침을 마저 먹어라."

"네." 핀리가 다시 의자에 앉아 오트밀 죽을 먹기 시작했다.

"저도 보스톤 가면 안 되나요?" 시드니가 물었다. 그는 이제 네 살이 되었으므로 가족과 함께 식탁에 앉아서 식사했다. "보세요, 아침밥 다 먹었어요."

모르스 박사가 작은 아들을 사랑스러운 눈으로 쳐다보았다. "시드니, 오늘은 안 된다. 아빠는 인쇄소에 가서 내가 새로 출판한 지리책을 봐야 해. 그리고 나서 해야 할 일이 몇 가지 있단다. 오늘은 두 명을 데려가 줄 만한 여유가 없구나."

시드니는 더 이상 아무 말도 하지 않았다.

핀리가 마침내 아침 식사를 마쳤다. 낸시가 와서 식탁을

치우기 시작했다.

모르스 박사는 의자를 뒤로 뺐다. "이 놀라운 풀 씨 화실을 방문해보자." 그리고 모르스 부인에게 몸을 돌렸다. "핀리는 이제 일곱 살이에요. 화공들이 어떻게 사는지 배울 때가 됐어요."

모르스 부인은 깊이 생각하는 것 같았다. 그러더니 핀리를 보고 미소를 짓고는 남편에게 이렇게 말했다. "어쩌면 당신 말이 옳을지도 모르죠."

모르스 박사가 방에서 나가면서 말했다. "그 사실을 깨닫게 되면 핀리가 그렇게 많은 시간을 쏟던 그림을 그만두게 될 거예요. 이번 가을에 필립스 아카데미에 가려면 글씨 쓰기를 열심히 공부해야 해요."

그러나 핀리는 그 말이 들리지 않았다. "조지 워싱턴 장군의 그림을 보고 싶어요." 그가 말했다.

2. 날아가는 백조

보스톤까지는 그리 멀지 않았다. 모르스 박사와 핀리는 작고 튼튼한 말, 돌리가 끄는 이륜마차를 타고 갔다. 찰스 강을 건너는 다리에서는 통행료를 지불했다. 보스톤에 도착하니 열 시가 되었다.

자갈로 포장된 피쉬 스트리트를 지나갈 때 마차가 덜컹거렸다. 그 길은 큰길이지만 좁다란 골목처럼 구불구불했고 생선 냄새가 났다. 근처에는 롱와프 부두가 있었다. 그 지역에는 전 세계에서 온 험상궂게 보이는 선원들이 있었다. 보스톤은 분주한 항구도시였다.

"저기 있어요!" 핀리가 소리쳤다. 그는 우중충한 여관 위에 낡아서 색깔이 벗겨져 있는 간판을 가리켰다. "저기 그 사람이 사다리를 타고 올라가고 있어요."

모르스 박사가 마차를 멈추었고, 그들은 길로 내려섰다.

핀리는 고개를 들어 두리번거렸다. 그리고 코를 킁킁거렸다. 생선, 향료, 타르가 섞인 이상한 냄새가 풍겼다. 그는 낯선 소리에 귀를 기울였다. 행상인들이 양철로 된 벨을 흔드는 소리, 외국인 선원들의 이상한 말소리가 들렸다. 그는 새롭고도 흥미로운 광경을 열심히 관찰했다. 복작거리는 거리에서 기다란 빗자루와 담요를 든 굴뚝 청소부가 지나갔다. 찰스타운에서 보스톤은 불과 몇 킬로미터 떨어진 곳이었으나, 그 두 도시는 마치 핀리와 시드니처럼 전혀 딴판이었다.

"아빠, 저 사람 좀 보세요!" 핀리가 소리쳤다. "왜 간판을 내리는 거죠?"

"너무 낡고 바래서 그렇겠지. 바로 밑에 서 있지 않으면 무슨 글씨인지 알아볼 수가 없으니까. 어쩌면 저 사람이 풀 씨가 어디 있는지 알지도 모르겠다."

그들은 그 남루한 사람이 사다리에서 내려올 때까지 기다렸다. 핀리는 너무 흥분해서 가만히 있을 수가 없었다. 그는 계속해서 주변을 두리번거리며, 혹시라도 흥미로운 광경을 놓칠까 조심하며 관찰했다. 시드니에게 가서 이 모든 것을 얘기해 줘야지!

"필립 풀 씨의 화실이 어디 있는지 아십니까?" 모르스 박사가 정중하게 물었다.

"물론이죠." 그가 말했다. "따라 오십시오."

그들은 삐걱거리는 계단을 타고 올라갔다. 그 사람은 한 손에 간판을 든 채, 열려 있는 문 옆에 가서 멈추었다. "들어오세요." 그가 말했다.

모르스 박사가 멈칫거렸다. "풀 씨입니까?"

"제가 바로 필립 풀입니다." 그 남루한 사람이 말했다. 그는 거칠거칠한 탁자 위에 간판을 내려놓았다. 그리고 손

"아빠!" 그가 소리쳤다. "이렇게 예쁜 색깔 본 적 있으세요?"

짓으로 가리켰다. "이것들이 모두 제 그림입니다. 마음 놓고 둘러보십시오."

모르스 박사는 목청을 가다듬었다. 그러나 핀리는 벌써 그림을 구경하고 있었다. 방 안은 그림으로 가득했다. 어떤 그림은 벽에 기대어 놓고, 어떤 그림은 엉성한 이젤 위에 있었다.

폴 씨는 간판에서 페인트를 벗겨 내기 시작했다. "아직 주문받은 것은 없습니다." 그가 설명했다. "그래서 이 간판을 다시 그려주기로 했지요. 그러면 당분간 방세를 안 내도 되니까요."

모르스 씨는 또다시 목청을 가다듬었다. 그는 마치 '이것 봐라, 내가 뭐랬니?'라는 듯 핀리를 내려다보았다.

그러나 핀리는 아랑곳하지 않았다. 그는 그림을 구경하느라 정신이 빠져 있었다.

"아빠!" 그가 소리쳤다. "이렇게 예쁜 색깔 본 적 있으세요?" 그가 금발 곱슬머리에 커다란 파란색 눈을 가진 젊은 여자의 초상화를 가리키며 말했다. 그녀는 반쯤 열린 입술로 마치 핀리에게 미소를 짓고 있는 것 같았다.

"마치 그림에서 튀어나올 것만 같아요! 머리카락은 노

랗고, 눈은 파란색으로 칠했어요!" 핀리는 이제까지 색깔이 있는 물감으로 그린 그림을 본 적이 없었다. 그는 기쁘고도 황홀했다.

"그리고 저것 보세요, 아빠!" 그가 소리쳤다. "소년과 개예요. 저 개는 진짜 같아요. 컹컹 짖는 것 같지 않아요?"

모르스 박사가 그림 가까이 가서 자세히 들여다보았다.

"아빠!" 핀리가 소리쳤다. "이 분이 워싱턴 장군이에요!" 그는 커다란 그림 앞에 서 있었다. 그 그림은 파란색 우단으로 만든 액자에 들어 있었다.

"아, 그런 것 같구나." 모르스 박사가 말했다. "워싱턴 장군이 초상화를 그리러 오셨습니까?"

"아니요." 풀 씨가 말했다. "하지만 제가 가까이서 한 번 뵈었죠. 제 기억으로 그렸습니다. 모두들 저 그림이 놀랍게 닮았다고들 말하지요." 그가 덧붙였다.

모르스 박사가 다시 목청을 가다듬었다. "네, 놀랍군요." 그가 말했다. 그는 그림을 찬찬히 살펴보았다. "초상화를 그리고 얼마를 받으십니까?"

"3달러입니다."

"초상화 주문이 많습니까?"

풀 씨가 어깨를 으쓱했다. "많지 않아요." 그가 솔직히 말했다. "하지만 간판이나 문장도 그리지요. 시간이 남으면 크기가 서로 다른 사람 몸을 그려놓지요. 그러다가 초상화 주문이 들어오면 그 몸에 얼굴만 붙여요. 그러면 시간을 많이 절약할 수 있지요." 풀 씨는 슬퍼 보였다. "때때로 집을 페인트칠 하기도 합니다."

모르스 박사는 핀리가 그 말을 들었는지 보려고 돌아보았다. 그러나 핀리는 여전히 워싱턴 장군의 그림을 바라보며 감탄하고 있었다. 눈은 진짜 눈 같지 않았으나 그 색깔은 예쁜 하늘색이었다. 코는 앞으로 솟아있는 것 같지 않고 납작하게 보였다.

"여기서 얼마나 오래 머무르실 생각입니까?" 모르스 박사가 큰 목소리로 풀 씨에게 물었다.

"일거리가 있을 때까지만 머무를 겁니다." 풀 씨가 대답했다. "얼마나 오래 있을지 누가 알겠습니까?"

"그리고 나면 뭘 하십니까?" 모르스 박사가 더 크게 물었다. 그는 핀리가 풀 씨의 대답을 듣기를 원했다.

"다른 도시나 마을로 옮겨 가지요." 풀 씨가 말했다.

모르스 박사가 아들을 쳐다보자, 핀리는 손가락을 그림

에 대고 있었다.

"핀리, 그림을 만지지 마라! 아직 마르지 않았을지도 몰라. 이리 와라. 이제 갈 시간이야."

핀리가 손가락을 쳐다보았다. 노란 물감이 묻어 있었다. 그는 주먹을 꼭 쥐고 주머니에 넣었다. 아버지 눈에 안 띄게 하려는 것이었다.

"가난하고 초라한 직업이야." 그들이 계단을 내려올 때 모르스 씨가 말했다.

핀리는 아무 말도 하지 않았다. 그는 다른 생각을 하고 있었다. '저 분은 물감과 붓을 어디서 구하는 것일까? 물어볼 걸…….'

그는 마차를 타고 돌아가는 길에 주위를 유심히 살펴보았다. 풀 씨의 화실이 어디에 있는지 잘 기억해두려고 했다.

3. 무엇을 배웠나?

곧 모르스 박사는 인쇄소 앞에 마차를 매 놓았다.

"나는 들어가서 새로 나오는 내 지리책에 대해서 의논을 해야 한다." 그가 말했다. "잉크와 인쇄기를 만지면 안 되니까, 넌 여기 마차에서 기다려라. 오래 걸리지 않을 거야."

 핀리는 실망했다. 그는 지리책이 어떻게 인쇄되는지 보고 싶었던 것이다. 그러나 마차에 앉아서 기다리며, 풀 씨의 그림에 대해 생각하기 시작했다.

 '나에게 물감만 있었더라면……' 그가 생각했다. '그러면 파란 드레스를 입은 어머니를 그릴 텐데. 시드니도 그리고 빨간 공을 가지고 노는 리차드도 그리고. 낸시를 앞혀 놓고 연습을 해야지. 낸시는 그렇게 해줄 거야.'

 '풀 씨에게 물감을 어디서 구하는지 물어보았더라면…….' 그때 갑자기 그에게 아이디어가 떠올랐다. '내가 서두르면 아빠가 나오시기 전에 가서 물어보고 올 수 있어.'

 그는 마차에서 뛰어내렸다. 길모퉁이를 돌고 또 다른 모퉁이를 돌아서 피쉬 스트리트로 달려갔다. 그리고 날아가는 백조 여관의 이 층 계단을 뛰어 올라갔다. 풀 씨는 아직 거기에 있었다. 그는 백조의 꼬리를 그리기 시작했다.

 "폴 씨!" 핀리가 숨을 헐떡이며 물었다. "물감을 어디서 구하죠?"

그 화공이 놀라서 쳐다보았다. "여기 보스톤의 올드밀 로드에 있는 약제사 가게에서 사지." 핀리의 열성적인 태도에 그가 미소를 지었다.

"붓은 어디서 사죠?"

"그 가게에 가면 붓도 있어."

핀리도 미소를 지어 보였다. "감사합니다." 그가 공손하게 말했다. "그게 궁금했어요."

그가 돌아서서 가려고 할 때 탁자 위에 부서진 유리조각과 비단 조각, 그리고 지푸라기 같은 것이 놓여 있는 것을 보았다. "이걸 그림에 사용하시나요?"

풀 씨가 웃었다. "아니. 여관에서 들은 것을 시험해본 거야. 내가 보여줄게."

핀리는 눈이 동그래졌다.

풀 씨가 유리조각을 집었다. 그것을 비단에 대고 문질렀다. 그리고 지푸라기 가까이 갖다 대었다. 지푸라기가 유리조각 쪽으로 움직이더니 찰싹 들러붙었다!

핀리가 숨을 멈췄다. "어떻게…… 왜……"

"유리조각을 비단에 문지르면." 풀 씨가 설명을 했다. "지푸라기를 끌어당기지. 다른 것들도 서로 문지르면 같은 힘이 생겨. 고대 그리스 사람들도 엠버에 이런 힘이 있다는 걸 알았어." 풀 씨는 계속 말했다.

핀리는 시간 가는 줄 몰랐다. 그는 계단으로 올라오는 발걸음 소리도 듣지 못했다. 그러나 아버지가 문간에 들어섰을 때 마침 그가 고개를 돌렸다.

"네가 여기 있을 줄 알았다." 모르스 씨가 못마땅하다는 듯이 말했다.

"아빠, 와서 이것 좀 보셔요!"

모르스 박사가 탁자로 걸어왔다. 핀리가 유리조각과 비단을 문질렀다. 그리고 어떻게 지푸라기를 끌어당기는지 아버지에게 보여주었다.

"흠……" 모르스 박사가 생각에 잠긴 듯 턱을 쓸었다. "유리와 비단을 문지르니 자력이 생기는구나."

"그러면 이것으로 자석처럼 못을 끌어당길 수 있나요?" 핀리가 물었다.

"아니. 그 정도의 힘은 없어." 모르스 박사가 대답했다. "지푸라기나 종이 같이 아주 가벼운 것만 끌어당기겠지. 유리와 비단을 문지른 자석은 그 힘이 계속되지도 않아. 몇 분마다 계속 문질러 주어야 자력이 유지된단다. 하지만 나침반에 사용하는 바늘은 자석을 입힌 금속이야. 기억하지? 내가 쓴 지리책에……."

"하지만 아빠." 핀리가 물었다. "자석은 왜 문지르지 않아도 자력이 있지요?"

"대부분의 자석은 자력을 입힌 금속이야." 모르스 씨가 설명했다. "보통 쇠나 강철에 자철석을 문지른 것이지. 자

핀리가 유리조각과 비단을 문질렀다.

철석이 뭔지 아니?"

"무거운 돌인가요?" 핀리가 추측했다.

모르스 박사가 미소를 지었다. "돌은 거의 다 무겁지. 자철석만 무거운 것은 아니야. 그것은 검은 돌인데 특정한 곳에서만 발견할 수 있어. 중요한 것은 그 돌이 금속을 끌어당긴다는 점이야. 천연 자석이지. 그것은 항상 자력을 가지고 있고 자력이 없어지지 않지."

"이제 왜 금속에 자철석을 문지르면 자력이 생기는지 알겠어요." 핀리가 유리조각을 집으며 말했다.

그가 유리조각에 비단을 문지르기 시작하자, 아버지가 그만두게 했다. "핀리, 그건 재미있는 실험이구나. 하지만 이제 가야 한다." 그가 말했다.

마차에 돌아오자 아버지가 아들에게 말했다. "오늘 교훈을 배웠기를 바란다. 이제 화공이 얼마나 떠도는 삶을 사는지 알겠지? 초상화를 그릴 일이 없으면 여관 간판이나 그리고, 그렇지 않으면 과학 실험이나 하잖니."

핀리는 잠깐동안 아무 말이 없었다. 그러다가 느닷없이 질문했다. "아빠, 올드밀 로드에 있는 약제사 가게를 아세요?"

"응. 그런데 그건 왜 묻지?"

핀리가 열을 띄고 말했다. "풀 씨가 그러시는데, 거기서 물감과 붓을 사셨대요."

이번에는 모르스 박사가 아무 말이 없었다. 핀리는 계속 조잘댔다. "집에 가면 낸시에게 비단 조각이 있으면 달라고 해야겠어요. 저에게 유리조각은 있고 지푸라기는 구하면 돼요." 그리고 이렇게 덧붙였다. "오늘 정말 재밌었죠? 정말 많이 배웠어요."

모르스 박사는 큰아들을 내려다보았다. 그리고 슬픈 듯이 고개를 흔들었다. "그래, 핀리." 그가 말했다. "하지만 내가 생각했던 교훈만 빼고."

5
토끼와 거북이

1. 경주

이제 아홉 살이 된 핀리는 목사 사택의 뒷문 앞 계단에 시무룩하게 앉아 있었다. 손에는 종이를 한 장 들고 있었다. 거기에는 천로역정에서 베낀 시가 적혀 있었다.

핀리는 손가락으로 단어를 하나하나 짚었다. 그리고 천천히 소리내어 읽었다.

절망에 빠진 자는 넘어질 염려가 없고

비천한 자는 교만에 빠질 염려가 없다.

겸손한 자는 항상 하나님께서 그를 인도하신다.

그는 생각해보았다. 어머니와 낸시는 지금쯤 냄비에 사과조각을 거의 다 채웠을 것이다. 가을 햇빛 아래에 잔디밭 위에는 깨끗한 이불보를 깔아 놓았다. 곧 그 천 위에 사과 조각을 펼쳐놓고 말린다.

핀리는 꿈을 꾸는 듯 미소를 지었다. 사과 파이! 사과 소스! 사과 치즈 만두! 말린 사과로 이번 겨울에 낸시가 얼마나 맛있는 요리를 많이 만들어 주겠는가?

"핀리!" 부엌에서 어머니가 부르는 소리가 들렸다. "네 동생들 거기 있니? 그리고 넌 아빠가 하라고 하신 공부를 하고 있니?"

"네, 엄마." 핀리가 말했다. 리차드는 모래더미 위에서 놀고 있었다. 시드니는 헛간 옆에 있는 사과나무의 제일 낮은 가지에 앉아 있었다. 그는 핀리가 가진 종이와 똑같은 종이를 읽고 있었다. 거기에는 같은 내용이 적혀 있었다.

"아빠가 돌아오실 때까지 모두 외워 놓겠어요." 시드니가 약속했다.

"물론 그럴 테지." 모르스 박사가 말했다. 그리고 핀리에게 말했다. "시드니가 외울 수 있다면, 너도 할 수 있어."

"네, 그럴게요." 핀리는 열심히 공부하겠다고 결심했다. 그는 모든 단어를 공부했다. 그는 오늘 빌리와 함께 보스턴에 가고 싶었으나, 시드니처럼 그 시를 다 외워놓기로 했다.

핀리는 눈을 꼭 감았다. 그리고 외우기 시작했다. "정말에 빠진 사람은……"

핀리가 눈을 떴다. 그리고 종이를 살짝 엿보았다. 다시 눈을 꼭 감았다. "넘어질 염려가 없고……"

또다시 종이를 엿보았다. 이번에는 눈을 위로 들었. "겸손한 자는……"

그가 벌떡 일어났다. "리차드, 이리 돌아와!"

그는 종이를 내려놓았다. 무언가 공부를 방해하는 일이 생겨서 내심 기뻤다. 그는 집 모퉁이를 돌아 달려가서 막냇동생을 붙잡았다.

"엄마가 마당에서 나가면 안 된다고 하셨어!" 그는 리차드의 손을 붙잡고 다시 모래더미로 데려왔다.

거기서 핀리는 모래로 작은 둔덕을 쌓았다. 재미있었다. 그는 조금 더 큰 둔덕을 쌓았다.

"벙커힐이야." 그가 작은 둔덕을 가리키며 리차드에게 말했다. "그리고 이것은 브리즈힐이야." 그가 큰 둔덕을 가리키며 말했다.

"나하고 독립전쟁 놀이해줘." 리차드가 애원하듯 말했다.

핀리가 대답도 하기 전에 뒷문이 열렸다. 모르스 부인이 냄비를 들고 나왔다. 그 속에는 사과조각이 가득 들어 있었다.

"리차드, 혼자서 해. 나뭇가지를 군인이라 하고 놀아." 핀리가 모르스 부인에게로 달려왔다. "사과 늘어놓는 것 도와드려도 돼요? 엄마, 네?"

어머니는 그의 열성에 미소를 지었다. "그러고도 시를 모두 외울 수 있다면 그렇게 해라."

"네, 엄마. 둘 다 할 수 있어요."

그들은 함께 깨끗한 이불보 위에 사과조각을 늘어놓았다. 서로 겹치지 않도록 주의를 했다. 모든 조각이 고루고루 말라야 했다.

"사과를 왜 말리는 거예요?" 다 늘어놓고 나서 핀리가 물었다.

"겨울 내내 과일을 먹기 위해서야." 모르스 부인이 말했다. "신선한 사과는 지하실에 보관해도 봄이 되기 전에 물렁물렁해지거든. 이렇게 말리면 변하지 않아. 이제 가서 시를 마저 외워라." 그녀는 다시 집으로 들어갔다.

핀리가 시드니를 바라보았다. 그는 여전히 사과나무 위에 앉아 있었다. 그는 앞을 바라보며 입술을 움직이고 있었다. 그는 아버지가 돌아오실 때까지 어떻게든 시를 모두 외울 것이다. 핀리는 다시 계단으로 가서 종이를 집었다.

2. 가는 도중에

"이것 좀 봐!" 리차드가 소리쳤다. "벙커힐 밑에서 이런 게 나왔어." 그가 흙이 묻은 두툼한 물체를 내보였다.

"총알이야." 핀리가 말했다. "어디 이리 줘 봐."

"형 가져." 동생이 말했다. "난 벙커힐로 돌아가야 해. 빨간 코트가 벙커힐로 오고 있어." 그가 서둘러 모래더미로 갔다.

핀리는 총알을 열심히 들여다보았다. 그 근처에서 그런

총알이 여러 개 발견되었다. 그는 풀 씨 화실에 다녀온 이후 모든 사물에 새로운 관심을 가지고 관찰하게 되었다. 어떤 물체에 자력이 생기는지 시험을 해보는 것이 재미있었다. 총알에도 자력이 생길까?

 그는 주머니에 손을 넣어 비단 조각을 꺼냈다. 비단에 총알을 문지른 뒤 그의 발밑에 있던 솜털 같은 민들레 꽃씨에 가까이 대었다. 아무 일도 일어나지 않았다.

 어쩌면 민들레의 솜털이 줄기에 세게 붙어 있어서 움직이지 않았는지도 모른다. 그는 민들레를 따서 솜털을 불어 손에 놓았다. 그리고 나서 다시 총알을 비단에 문지른 뒤 솜털 가까이 가져왔다. 여전히 아무 일도 일어나지 않았다.

 '이것은 자력이 생기지 않는구나.' 그가 생각했다. 그는 비단에 온갖 것들을 다 문질러 보았다. 뼈를 문질렀으나 아무 일도 일어나지 않았다. 주석 숟가락을 문질렀으나 아무 일도 일어나지 않았다. 왜 어떤 것들은 자력이 생기고 어떤 것들은 생기지 않는 것일까?

 "엠버나 흑옥 같은 것이 있다면 얼마나 좋을까……." 그때 날카로운 휘파람 소리가 두 번 들렸다.

빌리가 핀리에게 작은 꾸러미를 주었다.

"빌리다!" 그는 기분이 좋았다. "빌리가 내 물감을 사오지 않았을까?" 핀리는 총알과 비단 조각을 주머니에 넣고 담장으로 달려갔다. 그리고 가볍게 담장을 넘었다.

"사왔어, 빌리?"

빌리가 핀리에게 작은 꾸러미를 주었다.

"이게 내 물감이야?" 핀리가 놀라며 물었다. "어디 한번 보자." 그가 꾸러미를 풀었다. "어? 이건 그냥 흙 같은 가루잖아!"

"그게 시에나를 태운 가루야." 빌리가 말했다. "밤색 물감을 만드는 재료야. 물감은 모두 가루로 되어 있어."

"모든 물감이 가루라구? 하지만 이건 밤색뿐이잖아. 다른 색은 어딨어? 빨강, 노랑, 파랑 말이야."

"비싸서 그것 밖에 못 샀어. 약제사가 그러는데 물감은 전 세계에서 수입을 한대. 그래서 무척 비싸대. 시에나가 제일 싼 거래."

핀리는 그 물감을 사려고 자신이 얼마나 오랫동안 돈을 저축했는지 생각해보았다. 날마다 소를 초원에 데리고 나가면 아버지가 일주일에 1페니를 주었다. 할아버지는 그의 생일에 페니 몇 개를 주었다. 그는 그 돈을 모두 모아서 빌리에게 주고 물감을 사달라고 했다.

핀리는 몹시 실망했다. 그러다가 다시 희망을 품었다. "밤색 그림을 그리면 돼. 자, 우리 집 마당으로 가자."

두 소년은 담장을 넘어갔다.

"여기 계단에서 기다려." 핀리가 말했다. 그는 집 안으로 뛰어들어가서 이 층 자기 방으로 갔다. 어머니와 낸시는 부엌에서 사과를 자르며 이야기하고 있었다. 그들은 핀리가 들어오는 소리를 못 들었다. 핀리는 매끈한 나무판을 가져와서 계단에 앉았다.

"이것 봐." 그가 친구에게 그것을 보여줬다. "나무 숯으로 낸시를 그렸어. 이제 여기에 색칠할 거야." 그가 잠시 생각했다. "낸시는 밤색 눈이고, 거의 항상 밤색 치마를 입고 있어. 그러니까 괜찮을 거야."

"어떻게 가루로 그림을 그린다는 거야?"

"액체에 섞어야지."

핀리가 생각했다. 물에 섞을까? 그건 좋은 생각이 아닌 것 같았다. 우유? 그것도 아니다. 그때 풀 씨가 유화에 대해서 한 말이 생각났다. 그래! 바로 그거야. 하지만 어디서 기름을 구하지? 그러다 갑자기 그가 벌떡 일어섰다.

"아주까리 기름!" 그가 소리치며 쏜살같이 집으로 들어갔다.

"아주까리 기름?" 빌리가 따라 했다. 그러나 핀리는 이미 사라지고 없었다. 잠시 후 그가 병과 컵을 들고 나타났다.

"그 가루를 아주까리 기름에 섞으려고?" 빌리가 코를 찡그렸다.

"이것도 기름이잖아, 안 그래? 기름에 섞어야 해." 핀리는 시에나 가루와 아주까리 기름을 컵에 넣고 잘 섞어서 죽을 만들었다. "냄새가 이상하군. 하지만 상관없어."

그는 작은 막대기를 집어서 그 죽을 찍은 뒤 낸시의 그림에 색칠하기 시작했다. 온통 밤색이었으나, 나무 숯으로 그린 것보다는 더 낸시처럼 보였다.

"만일 여러 가지 색 물감이 다 있다면 얼마나 그림을 멋있게 그릴 수 있을까?"

빌리는 감탄하며 구경을 했다. "나도 그림을 그릴 수 있다면 좋겠다." 그가 말했다.

바로 그때 말발굽 소리가 들렸다. 아버지가 돌아오셨다!

"점심 식사 시간인가 봐." 빌리가 말했다. "내일 보자."

시드니는 사과나무에서 내려왔다. 그는 달려서 아버지에게 갔다. "아빠! 시를 다 외웠어요."

핀리는 가슴이 철렁했다. 그는 시를 한 줄도 외우지 않았다.

3. "핀리, 넌 마치 토끼 같구나."

아버지는 집에 들어오다가 낸시를 그린 그림을 보았다. "이런 걸 하고 있었구나." 그리고 그는 코를 킁킁거렸다. "아주까리 기름 냄새가 나는데? 누가 아팠니?" 그는 바닥에 있던 컵을 집더니 다시 냄새를 맡았다.

"아니요, 아빠. 저…… 제 물감을 아주까리 기름에 섞었어요. 색칠을 하려구요."

"시는 외웠니?" 모르스 박사가 물었다.

"아니요." 핀리는 고개를 떨어트렸다.

"넌 항상 쓸데없는 일을 하고 있어." 모르스 박사가 말했다.

그때 모르스 부인이 문간에 나타났다. "제 잘못도 있어요." 그녀가 말했다. "핀리에게 사과조각을 늘어놓아도 된다고 했거든요."

"엄마, 그렇지 않아요." 핀리가 부인했다. "그건 제가 하겠다고……."

"사과를 늘어놓지 않았더라도 시를 외우는 대신 분명 다른 쓸데없는 일을 했을 테지. 자, 너희들 아빠 서재로 가

자. 얼마나 외웠는지 들어봐야겠다." 모르스 박사가 말했다.

그들은 아버지를 따라갔다.

시드니는 조금도 실수하지 않고 시를 모조리 외웠다.

"시를 조금이라도 외웠니, 핀리?" 아버지가 물었다.

핀리는 외우려고 노력했다. 그가 외울 수 있는 것은 "절망에 빠진 사람은"이 전부였다.

아버지가 심각한 얼굴로 그를 쳐다보았다. 그리고 두 아들을 무릎에 앉혔다.

"핀리." 그가 물었다. "토끼와 거북이 이야기를 기억하니?"

"네." 핀리는 책 읽는 것을 매우 좋아했다. "둘이 경주를 했어요. 거북이가 토끼보다 더 느렸지만, 거북이가 이겼죠."

"어떻게 이겼지?" 아버지가 물었다.

"아, 토끼가 계속 낮잠을 잤으니까요." 핀리가 말했다. "하지만 토끼가 자는 동안 거북이는 쉬지 않고 걸어갔어요."

"그래." 모르스 박사가 말했다. "핀리와 시드니를 보면 마치 거북이와 토끼 같구나."

두 소년 모두 어리둥절했다. "저희가요?" 핀리가 물었다. "왜요?"

모르스 박사는 시드니를 조금 더 가까이 끌어안았다. "시드니는 거북이 같아. 그는 느리지만 쉬지 않고 꾸준히 앞으로 가지. 목표를 정해놓고 그것을 이룰 때까지 계속해서 노력하거든."

핀리를 안고 있던 아버지는 팔에 힘을 주었다.

"핀리, 넌 토끼 같아. 넌 아주 빨리 움직여. 하지만 가는 길에 계속해서 한눈을 팔아. 낮잠을 자는 것이 아니라, 눈에 보이는 것마다 모두 관찰을 하느라 말이야. 그래서 시를 외우는 경주에서 시드니가 널 앞서 간 거야."

핀리가 다시 고개를 푹 숙였다. 아버지가 옳았다. 모르스 박사는 종이를 다시 핀리에게 주면서 말했다. "계속 외워라. 하지만 이번에는 다 외울 때까지 한눈팔면 안 된다."

"알겠습니다."

핀리는 밖에 나가서 낸시 그림을 집었다. 그리고 그것을 부엌에 가져와서 낸시에게 주었다.

그녀는 기쁨으로 얼굴이 환해졌다. "어머나, 정말 나처럼 생겼어!" 그녀가 말했다. "내가 가져도 되니?"

"그럼요." 핀리가 말했다.

"핀리, 정말 친절하구나!" 어머니가 미소를 지었다.

그는 다시 뒷문 앞 계단에 앉았다. 그는 시를 읽었다. 그리고 눈을 감고 외웠다. "절망에 빠진 사람은 넘어질 염려가 없고……."

핀리가 눈을 떴다. 그다음 줄을 기억할 수가 없었다. 그의 머릿속에는 오직 낸시가 그림을 보자 자기와 똑같다고 한 말만 생각났다. 언젠가는 그가 화공이 될지도 모른다!

그때 그는 아버지가 토끼에 대해서 한 말이 기억났다. "한눈을 팔지 말아야 한다…… 하지만 내가 한눈을 팔지 않으면, 가는 길에 너무나 많은 것들을 놓치게 되잖아!"

6
말하는 절구

1. 농장일 돕기

 어느 맑은 가을날 아침이었다. 핀리는 마당에 있는 오래된 사과나무 아래에 앉아 있었다. 그리고 동생 리차드에게 장난감 보트를 만들어 주기 위해 나무를 칼로 깎고 있었다. 시드니는 사과나무 가지에 앉아 책을 읽고 있었다. 모르스 부인은 약초밭에서 일하고 있었다.

그때 말이 이히힝 하고 우는 소리가 들렸다. 핀리는 일어나서 담장 너머를 바라보았다. 빌리가 그의 아버지와 함

께 농장에서 쓰는 수레를 말에 묶고 있었다. 그리고 보웬 씨와 빌리가 모르스 집 뒷마당으로 왔다.

"모르스 부인." 보웬 씨가 말했다. "저는 지금 제 아버지 농장의 추수를 도와드리러 가는 길입니다. 빌리가 핀리와 함께 가고 싶어 하는데요."

모르스 부인이 허리를 펴고 일어났다. 그녀는 가고 싶어 하는 핀리의 얼굴을 보고 미소를 지으며 말했다. "네. 데리고 가셔도 좋습니다."

핀리는 장난감 보트를 땅에 내려놓고, 주머니칼을 주머니에 넣었다. 보웬 농장에 간다! 그곳의 개울 옆에 있는 비밀 동굴에서 빌리와 함께 신 나게 놀 수 있다!

"저도 가도 돼요?" 시드니가 사과나무 가지에서 내려오면서 물었다.

"네 어머니께서 허락하시면 가도 된다." 보웬 씨가 말했다.

"시드니도 가게 해주실 건가요?" 핀리가 난처한 듯이 어머니에게 물었다.

모르스 부인이 고개를 끄덕였다. "물론 시드니도 가도 되지. 낸시와 나는 하루종일 양초를 만드느라 바쁠 거야.

85

리차드도 돌봐야 하고. 그런데 핀리, 너만 생각하면 안 된다."

"그런 게 아니에요, 엄마. 하지만 시드니는 너무 느려요. 늘 시드니 때문에 빨리 놀 수가 없어요."

핀리가 덧붙여 말했다. "이번에는 그 농장에 있는 비밀 동굴에서 놀 건데, 시드니도 데리고 가야 하잖아요."

"물론, 시드니도 데리고 가야지." 어머니가 단호하게 말했다.

몇 분 후 핀리와 시드니는 수레 뒤쪽에 빌리와 나란히 앉아서 가고 있었다. 커다란 뭉게구름이 하늘에 걸려 있었다. 거대한 느릅나무와 참나무가 먼지 나는 길 위로 가지를 뻗고 있었다.

수레가 개울을 건너갔다. "이건 자작나무야!" 핀리가 소리쳤다. "아, 내가 인디언이 되어 자작나무로 카누를 만든다면 얼마나 좋을까?"

"내가 인디언이라면 활을 들고 사냥하러 갈 거야." 빌리가 말했다.

"난 전쟁을 할래." 시드니가 선포했다.

"네가 전쟁을 한다구?" 핀리가 말했다. "넌 이제 여섯 살

보웬 씨 수레는 좁은 골목으로 들어서더니
농장 집 앞에 멈추었다.

인데? 그런 건 빌리와 내가 할 일이야. 우리는 아홉 살이니까."

 보웬 씨 수레는 좁은 골목으로 들어서더니 농장 집 앞에 멈추었다.

 "어서 오너라." 그들이 수레에서 내리자 빌리의 할아버지가 그들을 환영해주었다. "도움이 많이 필요하단다."

"그래서 소년들을 데려왔어요." 보웬 씨가 말했다. "제가 무를 뽑아 놓고, 아이들이 그것을 통에 담으면 돼요."

소년들은 보웬 씨를 따라 무밭으로 갔다. 처음에는 무에서 흙을 털어내고 바구니에 담는 것이 어렵지 않았다. 그러나 아이들은 곧 지치기 시작했다. 보웬 씨를 도와드리는 일은 생각했던 것보다 훨씬 더 힘들었다.

마침내 그들은 제일 마지막 밭고랑까지 왔다. "이제 그만 하고 놀아도 된다." 보웬 씨가 말했다.

"야호!" 빌리가 소리쳤다. 지친 것도 다 잊어버렸다. "헛간에 가자!" 그와 핀리는 건물을 향해서 달려갔다.

"기다려!" 시드니가 소리쳤다.

"거북이." 핀리가 귀찮다는 듯 말했다. "딱 맞는 이름이야."

그들은 함께 헛간으로 갔다. 그들은 건초더미에 올라가서 바닥으로 미끄럼을 타다가, 이번에는 바깥 우물로 갔다. 그리고 고기 저장소에 갔다가 다시 나왔다.

"기다려!" 시드니가 계속해서 소리쳤다.

갑자기 핀리는 헛간 옆에서 우뚝 멈췄다. 그는 커다란 구멍이 파진 나무둥치에 올라갔다. 마른 풀 더미가 그 둥치를 반쯤 덮고 있었다. 그 옆에는 나무 몽둥이 같은 것이 있었다.

"빌리, 이 둥치가 뭐야?"

"텅 빈 나무 둥치야. 보면 몰라?"

"그래. 하지만 저절로 이렇게 된 건 아니야. 누군가 이렇게 만들었어."

"나도 몰라." '빌리가 말했다. "저기 헛간 옆에 할아버지가 계신다. 가서 여쭤보자."

할아버지는 소년들이 하는 말을 들었다. 그가 다가와서 말했다. "이게 뭔지 가르쳐주지. 이건 옥수수 절구야."

핀리가 어리둥절했다. "옥수수 절구? 그게 뭐죠?"

보웬 할아버지가 설명했다. "내가 어릴 때 옥수수를 갈던 도구지. 마른 옥수수 알갱이를 이 나무둥치의 구멍에 넣는 거야. 그리고 이 몽둥이는 절굿공이야. 이 몽둥이를 가죽끈으로 나뭇가지에 묶은 다음 그것을 세게 잡아당기면서 옥수수를 빻는 거지. 나뭇가지가 스프링처럼 다시 위로 올라가면, 절굿공이가 따라 올라간단다. 그렇게 절구질을 하는 거야. 옥수수를 곱게 빻을 수 있지."

보웬 할아버지의 빛바랜 눈이 반짝거렸다. 그는 근처에

있는 나무를 가리켰다. "내가 어릴 때, 내 아버지가 저 나무에 절굿공이를 매달았단다. 그 이후 저 나무가 저렇게 크게 자랐어."

핀리는 구멍이 난 나무둥치와 나무와 절굿공이를 번갈아 쳐다보았다. "옥수수를 빻는 방앗간과는 정말 다르네요. 요새는 물레방아로 바퀴를 돌리잖아요. 방앗간에서는 옥수수를 훨씬 더 빨리 갈아요."

할아버지는 턱을 쓰다듬었다. "하지만 방앗간에서는 멀리 이웃에게 신호를 보낼 수는 없지."

핀리의 눈이 점점 동그래졌다. "아니, 이 옥수수 절구로 이웃 사람들에게 신호를 보낸다구요?"

"그렇다고 할 수 있어." 보웬 할아버지가 대답했다. "물론 복잡한 신호를 보내지는 못하지. 하지만 간단한 뜻은 전할 수 있어. 빌리, 저기 헛간에 가서 문 안쪽에 걸려 있는 밧줄을 가져오너라. 우리가 숲 속이나 밭에 있을 때 내 어머니가 어떻게 우리를 부르셨는지 보여줄게."

소년들은 신이 나서 심부름을 했다. 빌리가 밧줄을 가져왔다. 핀리는 나무둥치에서 흙과 나뭇가지들을 쓸어냈다. 보웬 할아버지는 나뭇가지를 잘라 단단한 절굿공이를 만들어 나뭇가지에 밧줄로 매달았다. 그리고 그 절굿공이를 나무둥치 속으로 세게 내려쳤다.

콰아아아앙---! 그 소리가 들판의 양 사방으로 퍼져갔다. 또다시 절굿공이를 쳤다. 콰아아아앙---!

"멀리 콩코드까지 그 소리가 들리겠어요." 빌리가 소리쳤다.

"그렇게 멀리 들리진 않아." 보웬 할아버지가 말했다.

"하지만 몇 킬로미터 떨어진 곳까지는 들리지. 어머니가 우리에게 집으로 오라고 부르실 때, 이곳에 와서 절굿공이를 한 번 내리쳤어. 만일 도움이 필요하면, 두 번을 내리쳤지."

"서로 휘파람을 부는 것과 같아요!" 빌리가 말했다. "저희는 휘파람 두 번 불면 서로에게 보여줄 중요한 게 있다는 뜻이거든요."

"세 번 불면 모든 일이 잘되었다는 뜻이구요." 핀리가 말했다.

보웬 할아버지가 고개를 끄덕였다. "암호나 신호를 이용해서 말을 전달하는 방법은 오래전부터 있었어. 너희들도 알다시피 인디언들은 연기로 서로에게 신호를 보내지."

"그리고 배의 선원들은 깃발을 사용해서 다른 배에 신호를 보내요." 시드니가 말했다.

"아, 우리 이렇게 하자." 핀리가 말했다. "빌리와 내가 숲 속에 있는 개울에 가 있을게. 그리고 우리가 걸어간 길에 흔적을 남겨 놓을게. 인디언들처럼 말이야. 시드니, 네가 그 흔적을 보고 우리를 따라와."

"좋았어." 시드니가 말했다.

2. 쾅! 쾅! 쾅!

"시드니는 워낙 느려서 우리를 따라오지 못할 거야." 몇 분 후 핀리가 말했다. 그는 몸을 굽혀 돌멩이를 몇 개 위로 쌓았다. 조금 더 가서 또 쌓았다. "우리가 동굴에 가서 한 시간을 놀아도 시드니는 못 따라올 거야."

그들은 오솔길을 지나 작은 숲을 통과해서 갔다. 그리고 어느 길로 갔는지 흔적을 남기기 위해서 작은 나뭇가지들을 구부려 놓았다. 그들은 마침내 개울가에 다다랐다. 핀리가 앞서서 개울 반대편에 있는 동굴로 갔다.

"시드니에게 우리 비밀 동굴 가르쳐줄 거야?" 빌리가 물었다.

"아니. 개울 반대편에는 흔적을 안 남길 거야."

"시드니가 마지막 돌무더기까지 와서 그다음에 우리를 못 찾으면 어떡해?"

"주위를 돌아보겠지. 그리고 나서 우리가 다시 올 때까지 기다릴 거야. 가자! 우리는 미국 군인이야. 빨간 코트와 전쟁을 하는 거야."

그들은 오랫동안 동굴에서 놀았다. 빌리가 말했다. "이제 가서 밥 먹을 시간이야. 자, 가자."

그들은 마지막으로 돌을 세 개 쌓아놓은 곳으로 달려왔다. 시드니는 보이지 않았다. 주위를 둘러보았으나 아무 데도 보이지 않았다.

그들은 개울을 따라 오르락내리락 하며 시드니를 찾아보았다. 개울을 건너갔다가 다시 왔다. 개울 양쪽을 다 뒤져보았다. 그러나 동생은 흔적도 보이지 않았다.

"어쩌면 숲으로 들어갔는지도 몰라." 핀리가 희망을 품고 말했다.

둘이서 시드니를 불렀지만 아무 대답이 없었다. "그렇다면 다시 집으로 갔을지도 몰라." 빌리의 제안에 그들은 농장에 있는 집으로 돌아갔다. 이젠 보웬 씨도 함께 시드니를 찾았다. 보웬 할아버지와 할머니도 함께 찾았다.

"어쩌면 시드니가 화가 나서 걸어서 자기 집에 돌아갔는지도 모르지." 갑자기 빌리가 말했다.

"그럴지도 모르겠다." 보웬 씨가 말했다. "핀리, 네가 걸어서 찰스타운으로 가거라. 가는 도중에 시드니를 만날 수도 있으니까. 나는 다시 숲 속을 찾아볼게."

"분명 가는 길에 시드니를 만날 거예요." 핀리가 말했다. "시드니는 워낙 느리거든요." 그는 방금 내뱉은 말을 후회했다. 동생을 귀찮게 여긴 것도 후회되었다. 오직 시드니를 다시 찾을 수만 있다면, 다시는 동생을 놀리지 않을 것이다.

핀리는 집으로 가는 길을 달렸다. 그는 눈을 가느다랗게 뜨고 혹시 어떤 형체가 터덜터덜 걸어가고 있지 않은지 보면서 갔다. 그는 달리고 또 달렸다. 거의 숨이 막히는 것 같았다. 그러나 시드니는 흔적도 보이지 않았다.

그는 찰스타운까지 절반쯤 갔다. 그의 마음은 돌덩이처럼 무거웠다. 이제 집에 가서 부모님께 모든 사실을 털어놓아야 한다…….

별안간 쾅! 쾅! 쾅! 하는 소리가 맑은 가을 공기 속에 울

"그래, 골탕을 먹어도 싸지." 핀리가 자기 행동이 부끄럽다는 듯이 말했다.

려 퍼졌다.

핀리가 가던 길에서 멈추었다. "옥수수 절구 소리야!" 그가 소리쳤다. 잃어버린 시드니를 찾고 있는데 왜 옥수수 절구를 가지고 장난을 할까? 하지만 그건 장난이 아닌 것 같았다. 어쩌면 그것은 신호를 보내는 소리일지도 모른다!

쾅! 쾅! 쾅!

또다시 그 소리가 들렸다. 분명 신호를 보내는 것이다! 휘파람을 세 번 불면 모든 일이 잘됐다는 뜻이다. 그렇다면 옥수수 절구를 세 번 찧는 것도 같은 뜻일 것이다. 시드니다! 그들이 시드니를 찾은 것이다!

핀리는 보웬 농장으로 달려갔다. 그가 농장 집에 다다랐을 때는 너무 피곤해서 거의 걷기도 힘들었다. 그런데 거기에 시드니가 있었다. 하나도 다친데 없이 멀쩡하게 앉아서 다른 사람들과 이야기하고 있었.

"그는 헛간 다락의 짚더미에 앉아서 고양이와 놀고 있었어." 빌리가 말했다.

"하지만 시드니!" 핀리가 소리쳤다. "우리가 부르는 소리 못 들었어?"

"들었지." 시드니가 말했다.

"왜 대답 안 했어?"

"하기 싫었어." 시드니가 대답했다. "형이 나를 골탕먹였잖아. 그래서 나도 형을 골탕먹이려고."

"그래, 골탕을 먹어도 싸지." 핀리가 자기 행동이 부끄럽다는 듯이 말했다.

"옥수수 절구 소리 들었어?" 잠시 침묵이 흐른 뒤 빌리가 물었다.

"응. 그 소리를 듣고 얼마나 반가웠는지 몰라." 핀리가 대답했다.

보웬 할아버지가 껄껄 웃었다. "이제 옥수수 절구가 신호를 보내기에 얼마나 훌륭한 도구인지 알겠지? 때때로 이렇게 밥 먹으라는 신호보다 훨씬 더 중요한 신호를 보내야 할 때도 있거든."

7
보이지 않는 편지

1. "포기했어?"

열 살이 된 핀리는 도끼를 세게 내리쳤다. 우지직! 나무 둥치 한가운데가 쫙 갈라졌다. 그는 갈라진 나뭇조각을 쌓아놓은 장작더미 위로 던졌다.

빌리는 더미에서 몇 개를 주워 왼팔에 쌓아 안았다. 그리고 곁눈으로 핀리를 관찰했다. 그리고 흐뭇한 표정을 지었다.

핀리는 나무를 찍다가 멈추었다. 그리고 도끼를 헛간에

기대 놓고 주머니에 있는 종잇조각을 꺼냈다.

"빌리." 그가 세 번째로 말했다. "분명히 이 종이에 뭔가를 썼다는 거야?"

"그럼." 빌리가 차분하게 말했다. "분명히 썼어. 다만 눈에 보이지 않을 뿐이야." 그는 고소하다는 듯 빙그레 웃으며 말했다. "포기한 거야?"

"아니. 이 종이에 뭔가 쓰여 있다면, 어떻게든 알아낼 거야. 내가 직접." 그는 다시 종이를 들어 햇빛에 비춰 보았다. 아무것도 보이지 않았다.

"흥." 핀리는 답답하다는 듯 한숨을 쉬더니 그것을 다시 주머니에 넣었다.

또다시 도끼가 움직였다. 빌리는 장작더미를 목사 사택의 부엌으로 날랐다. 그는 낸시가 부엌에서 필요한 장작더미를 채워놓는 것을 도왔다. 핀리도 빌리네 집의 장작더미 채우는 것을 도와주었다.

핀리는 일을 하면서 그 종이에 대해서 계속 생각했다. 빌리가 바로 얼마 전에 그 종이를 가지고 왔다. 그는 그 종이에 무슨 말이 쓰여 있는지 핀리가 절대로 알아내지 못할 거라고 말했다. 그러나 핀리는 무슨 수를 써서라도 알아내고야 마는 사람이었다.

 갑자기 그는 잔디밭에 앉아 종이를 손가락으로 문질러 보았다. 아무것도 느껴지지 않았다.

 빌리가 부엌문을 쾅 닫는 소리가 들리자, 그는 재빨리 종잇조각을 주머니에 다시 넣었다.

 "포기했어?" 빌리가 또 물었다.

 "아니." 핀리는 일어나서 도끼를 들었다. 우지직! 또 나무가 갈라졌다. 빌리는 또 장작을 모아 팔에 안았다.

 "그 편지에 무슨 말이 적혀 있는지 빨리 알아내야 할 텐데. 그러면 네가 필립스 아카데미에 가기 전에 우리 서로 편지를 보낼 수 있을 텐데."

 "알아낼 거야." 핀리가 말했다. "우리가 이렇게 편지를 쓰면 시드니가 절대로 알아채지 못할 테니까."

 "어제 네가 목장에 있는 나무 둥치에 숨겨 놓은 편지를 시드니가 발견한 게 틀림없어. 그렇지 않았다면 어떻게 네가 나한테 낚시 가자고 한 걸 알았겠어?" 빌리가 말했다.

 "시드니가 따라오지만 않았어도 물고기를 잡는 건데. 시드니가 너무 시끄럽게 해서 물고기가 달아났어." 핀리가 말했다.

"우리가 아무리 편지 숨겨 놓는 비밀장소를 바꾼다고 해도 소용없어. 시드니가 어떻게든 찾아내니까 말이야." 빌리가 다시 부엌으로 가면서 빙긋이 웃었다. "물론 우리가 만나서 이야기로 하면 되지만 말이야. 그러면 우리가 뭘 할 건지 시드니가 알 수가 없지."

"하지만 편지를 보내는 게 훨씬 재밌잖아." 핀리도 미소를 지으며 말했다.

그는 다시 종이를 꺼냈다. 문질러 보고, 햇빛에 비쳐 보고, 입김을 불어보고, 흔들어 보았다.

빌리가 돌아오면서 낄낄거렸다. "포기했어?"

핀리가 대답도 하기 전에 보웬 부인이 부르는 소리가 들렸다. "빌리---! 저녁 먹어라!"

"지금 가요, 엄마." 그리고 그가 사라졌다.

핀리는 그 종이를 주머니에 넣고, 장작을 한 아름 안고 부엌으로 들어갔다.

어쩌면 그 종이를 비단 조각에 문지르면 될 것이다. 핀리는 그렇게 해보았다. 그러나 아무 일도 일어나지 않았다.

그는 인상을 찌푸렸다. "절대 포기하지 않을 테야." 그가 혼자 중얼거렸다. "필립스 아카데미에 가기 전에 이 주일 남았으니, 그동안 다른 것은 제쳐놓고라도 어떻게든 이 걸 알아내야겠어."

2. 우연히

다음 날 아침 낸시가 우유가 든 물동이 두 개를 들고 부엌으로 들어왔다. 그리고 그 물동이를 낮은 벤치 위에 올려놓았다.

"핀리, 소들을 초원에 데리고 나갈 시간이다."

그는 고개를 끄덕이고 밖으로 나갔다. 그리고 소가 있는 헛간으로 갔다. 그는 울퉁불퉁 옹이가 많은 늙은 사과나무 그늘에 섰다. 헛간 문 빗장을 내리고 늙은 소, 베스를 끌고 나왔다. 그는 소를 데리고 길을 따라가며 보웬 씨 집 뒤로 걸어갔다.

그는 그곳에 멈춰서 큰 소리로 길게 휘파람을 불었다. 빌리는 부엌문으로 나오지 않았다. 핀리는 또다시 휘파람을 불고 기다렸다. "빌리!" 소리도 쳐봤지만 아무 대답이 없었다.

핀리는 영문을 알 수 없었다. 오늘 아침 빌리가 어디 간다는 말이 없었는데. 그 집에는 아무도 없는 것 같았다.

"베스." 그가 차분한 목소리로 말했다. "오늘은 너랑 나랑 둘이서 초원에 가야겠구나."

그는 주머니를 만져보았다. "오늘은 이 종이를 조용히 연구할 수 있겠네. 걸핏하면 빌리가 와서 '포기했어?' 라고 물어보지 않을 테니까."

그는 계속 소에게 말을 하면서 걸어갔다. "만일 내가 포기하고 빌리에게 그걸 어떻게 썼느냐고 묻는다면, 두고두고 나를 놀리겠지."

늙은 베스가 유심히 그를 쳐다보며 말했다. "움머---!"

핀리가 빙그레 웃었다. "네가 내 마음을 이해할 줄 알았어." 그리고 둘은 함께 초원으로 갔다.

약간 경사진 초원의 아래쪽에는 개울이 있었다. 찰스타운 마을의 소들은 모두 거기에 와서 풀을 뜯었다. 보웬의 소는 먼저 와 있었다. 갈색 점박이를 보면 금방 알 수 있었다. '그렇다면 보웬 가족은 오늘 아침 일찍 떠났구나.' 그가 생각했다. '어딜 갔을까?'

그리고 그는 초원 끝에 있는 늙은 참나무 구멍을 기억했다. 지금까지는 빌리와 둘이 서로 그 구멍에 편지를 넣

"빌리!" 소리도 쳐봤지만 아무 대답이 없었다.

어놓는 딱 좋은 장소였지만, 이제는 시드니가 그걸 알아내 버렸다.

'어쩌면 빌리가 거기에 편지를 남겨놓았는지도 모르겠다.'

그는 달려서 그 나무로 갔다. 그리고 구멍 속에 팔을 집어넣었다. 손가락에 종이가 느껴졌다. 얼른 그것을 꺼내 펴보았으나 종이에는 아무 글씨도 없었다.

"또 안 보이게 썼군." 핀리는 중얼거렸다. 그리고 그 종이를 다른 종이와 함께 주머니에 넣었다.

집에 돌아온 그는 부엌에 가서 다시 두 종이를 꺼냈다. 그것을 쳐다보며 어떻게 하면 글씨가 보이게 할까 궁리하기 시작했다.

문득 종이 한 장이 그의 손에서 떨어졌다. 그것은 공중을 날더니 벽난로의 불 옆에 떨어졌다. 핀리는 종이를 주우려고 다가갔다가 불 때문에 그 종이가 조금씩 누렇게 변하는 것을 보았다. 더 자세히 들여다보았다. 어떤 부분이 더 진한 갈색이 되는가 싶더니 마침내 글씨가 보였다!

'나는 집에 없을 거야.' 그의 친구가 손으로 쓴 글씨가 보였다.

핀리는 흥분한 채 얼른 그 종이를 집었다. "불!" 그가 중얼거렸다. "불에 가까이 오니까 그 글씨가 보이는구나." 그는 다른 종이도 꺼내어 불 가까이 대 보았다. 몇 초 후 글씨가 보였다. '보스턴에 가.'

핀리는 뒷발꿈치에 기대어 몸을 앞뒤로 흔들었다. 그리고 승리의 미소를 지었다. 그는 비밀을 발견한 것이다. 비록 우연이었지만!

3. 절대 포기하지 않는 아이

핀리는 친구가 돌아오기를 초조하게 기다렸다. 그러나 그는 기다리는 동안 방에서 실험에 열중하고 있었다. "그렇다면 빌리가 무엇으로 글씨를 쓴 걸까? 어떤 액체가 틀림없는데…… 무슨 액체일까?"

핀리는 열심히 생각했다. "마르고 난 뒤에 보이지 않는 액체가 뭘까? 물인가?"

그는 물로 글씨를 썼다. 마르고 나니 글씨가 안 보였다. 그러나 촛불에 비추어 봐도 여전히 글씨가 보이지 않았다.

이번에는 아주까리 기름으로 글씨를 썼다. 그 글씨는 쓸 때도 보였고 마르고 나서도 보였다.

그는 부엌에서 달걀 흰자를 가져왔다. 그것도 아니었다. 그는 궁금함에 안절부절못하며 계단을 오르락내리락 하였다. 낸시는 저녁 식사를 준비하고 있었다. 그녀는 냄비에 우유를 담아 불 위에 대고 요리하고 있었다. 그녀가 핀리에게 냄비를 지켜봐 달라고 부탁했다.

"잘 봐야 한다." 그녀가 덧붙였다. "우유는 타기 쉬우니까."

종이를 불꽃 가까이 대어 보았다.

핀리는 눈을 떼지 않고 보았다. 우유는 냄비 가장자리에서부터 보글보글 끓기 시작하더니 갈색으로 변했다. 그는 하마터면 냄비를 불 속에 떨어트릴 뻔했다. '혹시 빌리가 우유로 글씨를 쓴 게 아닐까? 시험해 봐야겠어.' 그가 생각했다.

그는 낸시에게 냄비를 건네준 뒤, 우유를 조금 사용해도 되는지 물었다. 낸시는 이상하다는 표정으로 고개를 설레설레 흔들면서도 우유를 컵에 따라주었다.

핀리는 이 층 자기 방으로 뛰어 올라갔다. 종이 한 장을 집고, 손가락에 우유를 묻혔다. 그리고 조심해서 종이에 자기 이름의 첫 자를 썼다.

우유가 빨리 마르라고 입김을 후후 불었다. 우유는 보이지 않았다. 그는 흥분해서 촛불을 켰다. 그리고 종이를 불꽃 가까이 대어 보았다. 그가 쓴 글씨가 천천히 나타나기 시작했다. S F B M. 금방 알아볼 수 있었다.

핀리는 좋아서 웃음을 터트렸다. 드디어 그가 비밀을 알아낸 것이다!

그날 오후 보웬 가족이 집으로 돌아왔을 때, 핀리가 마당에서 친구를 기다리고 있었다. "너 보스톤에 갔었지?" 마차에서 뛰어내리는 빌리에게 그가 소리쳤다. "네 편지를 읽었어!"

빌리는 약간 아쉬운 듯했다. "핀리, 어떻게든 네가 알아낼 줄 알았어." 그리고 환하게 미소를 지었다. "이제 네가 앤도버에 있는 학교에 가더라도, 내가 여기 혼자 남아서 외롭지는 않겠어."

"왜?"

"아빠가 보스턴에 있는 콕스 씨 인쇄소에 날 데리고 가셨어. 그리고 나는 수습공이 되기로 했어.”

"그럼 넌 인쇄업을 배우게 됐구나!" 핀리가 소리쳤다. "정말 잘 됐다!"

빌리가 고개를 끄덕였다. "나도 기뻐. 그건 좋은 직업이야. 그런데 내 편지를 어떻게 읽었어?"

핀리의 얼굴이 붉어졌다. "말하고 싶진 않았지만, 우연히 알게 됐어." 그는 빌리에게 종이가 불 근처에 떨어졌던 이야기를 했다. "그리고 네가 뭐로 글씨를 썼는지 알아냈어. 우유지?"

빌리가 감탄한 듯이 그를 쳐다보았다. "핀, 넌 절대 포기하지 않는 아이야. 궁금한 것은 어떻게든 알아내고야 마니까. 안 그래?"

8
앤도버의 아카데미

1. "학교로 돌아가!"

 노래하던 핀리의 목소리는 크고도 높게 찢어졌다.

룸메이트인 사무엘 배럴이 웃음을 터트렸다.

핀리가 고개를 돌렸다. 그는 단단히 결심을 한 채 창문을 바라보았다. 앤도버에 있는 필립스 아카데미 기숙사 창문으로 내다보면 넓게 펼쳐진 초원이 보였다. 그는 다시 노래를 불렀다.

또 다른 룸메이트 호레이스 힐이 배꼽을 잡고 웃었다.

핀리는 두 주먹을 꼭 쥐고 계속 노래를 불렀다.

핀리가 일주일 전부터 노래 연습을 한 이후부터 소년들이 그를 괴롭혔다. 아카데미의 모든 소년들은 성악 레슨을 받았는데 핀리와 다른 두 소년이 발표회 날 독창을 부르게 되었다. 발표회는 이제 사흘 밖에 남지 않은데다, 설상가상으로 모르스 박사가 발표회에서 연설하기로 되어 있었다!

핀리는 이미 그 노래를 다 외웠다. 그러나 성악 선생님은 그래도 매일 연습을 해야 한다고 말했다. 그는 노랫말을 정확하게 발음하고 곡조를 정확하게 불러야 한다.

핀리는 고개를 돌려 룸메이트들을 향해 도전하는 눈빛으로 쳐다봤다. 룸메이트 세 명은 더 큰 소리로 웃음을 터트리며 웃겨서 어쩔 줄 모르겠다는 듯 행동했다. 핀리는 더 이상 참을 수가 없었다. 그는 가장 가까이 있는 사무엘 배럴의 가슴을 쳤다. 그는 미처 방비하지 못한 채 뒤로 넘어졌다. 소년들은 침대에서 데굴데굴 구르며 웃다가 바닥으로 떨어졌다. 곧 그들 모두 팔과 다리가 뒤엉킨 채 몸싸움을 했다.

핀리는 문간에 키 큰 사람이 서 있는 것을 알아채지 못했다. 뉴먼 선생님이 방으로 뚜벅뚜벅 걸어들어왔다. 그가 단단한 손으로 핀리의 옷깃을 잡아당기자, 그가 벌떡 일어섰다. 그리고 선생님의 손바닥이 내려오고 귓가가 뜨겁게 달아올랐다.

"더 이상 못 참겠어." 뉴먼 선생님이 말했다. 그리고 핀리가 얼마나 게으르고 공부를 하지 않는지에 대해서 격렬하게 퍼부었다.

핀리는 화가 나는 것을 억눌렀다. 그러나 선생님이 방에서 나가자 분노가 끓어 올랐다. 밤에 잠을 자려고 촛불을 끌 때까지도 진정되지 않았다.

앤도버에 온 이후 두 번째로 그는 한밤중에 침대에서 일어났다. 그리고 다른 소년들이 깨지 않도록 주섬주섬 옷을 입었다. 외투를 집어들고 발끝으로 살살 방을 빠져나갔다.

복도를 걸어가서 출입문을 열고 나갔다. 그리고 덤불 숲으로 들어갔다. 마침내 그는 아카데미 앞을 지나가는 길에 들어섰다.

찰스타운까지는 35킬로미터 거리였다. 그러나 핀리는

먼 길도 개의치 않고 계속 걸어갔다. 그는 열한 살이 되었고 튼튼했다. 어떻게든 빨리 집에 가고 싶었다.

새벽이 되었다. 채소를 가득 실은 수레가 길로 들어왔다. 마부는 늙은 사람이었다. "멀리 가니?" 그가 물었다.

"찰스타운까지 가는 길이에요."

"올라타라. 데려다 주마." 할아버지가 미소를 지었다. "혼자서 장까지 가려면 심심하거든."

핀리는 가는 도중 계속 재잘거렸다. 그러나 혹시 자기가 학교에서 도망친 소년임을 그 할아버지가 의심하기 시작하면 안 되므로, 절대로 눈치채지 못하게 했다. 그는 질문을 많이 할 수 있어 기분이 좋았다.

정오가 다 되어서야 핀리는 집에 도착했다.

"또 학교에서 도망쳤구나." 핀리가 들어오자 모르스 박사가 엄하게 말했다. "이번에는 무슨 일이냐?"

핀리는 몸싸움을 했던 일과 뉴먼 선생님에게 맞은 일을 이야기했다.

"넌 성질을 죽여야 해, 핀리." 아버지가 말했다. "내일 다시 학교로 돌아가거라."

2. 평화의 파이

다음 날 아침 일찍 핀리는 아버지의 이륜마차에 올라탔다. 그의 얼굴은 시무룩했다.

목사 사택의 출입문이 열리고, 모르스 부인이 나왔다. 그녀는 들고 있던 꾸러미를 조심스럽게 마차로 가져와서 핀리에게 미소를 지었다.

"여기 낸시가 널 위해 구워준 파이야. 잘 가라, 핀리. 이번 금요일 발표회 날 엄마가 아빠와 함께 갈게."

"안녕히 계세요, 엄마." 핀리가 미소를 지었다. 조금 마음이 풀렸다. 그는 어머니가 보이지 않을 때까지 손을 흔들었다.

그는 학교에서 도망쳐서는 안 되었다. 그도 잘 알고 있었다. 부모님은 그를 야단치기는 했으나, 그가 학교에서 잘 지낼 수 있도록 도와주겠다고 했다. 이 주일에 한 번은 집에 와도 좋다고 허락했다. 핀리는 그 생각을 하면서 부모님께 고마움을 표시해야겠다고 결심했다. 그러기 때문에 발표회에서 노래를 완벽하게 잘 불러야 한다.

그날 오후 핀리는 또 연습했다. 마지막 부분에서 그의

목소리가 찢어졌다.

"난 노래를 못해!" 그가 투덜거렸다. "내 목소리는 마치 개구리 같아."

"그보다 더하지." 사무엘이 무정하게 말했다. "난 노래를 안 해도 되니 정말 다행이야. 난 사람들 앞에 서서 두 문장만 말하면 되니까."

그는 몸을 꼿꼿이 세우더니 나긋나긋하게 말했다. "캡틴 스탠디쉬가 말에 탔다. '캡틴 스탠디쉬'는 고유명사이자 주어, 동사는 '탔다.' '말'은 명사이자 동사의 목적어."

그리고 몸을 굽혀 절을 했다.

"훌륭해!" 라이오넬이 손뼉을 쳤다. 그가 일어나서 정중하게 절을 했다. "그리고 나는……" 그가 말했다. "연설문을 다 외웠지."

"난 시를 외울 거야." 호레이스가 덧붙였다.

"하지만 난 노래를 불러야 해." 핀리가 억울한 심정으로 말했다. 그리고 연습을 다시 시작했다.

사무엘과 호레이스와 라이오넬은 두 손으로 귀를 막았다. 그리고 역겹다는 표정을 지었다. 그리고 나서 큰 소리로 흥얼거리며 핀리를 따라 노래를 불렀다. 그들은 일부

소년들은 침대에서 데굴데굴 구르며 웃다가 바닥으로 떨어졌다.

곧 그들 모두 팔과 다리가 뒤엉킨 채 몸싸움을 했다.

러 불협화음을 넣었다.

핀리에게 좋은 생각이 떠올랐다. 서랍장의 맨 아래 서랍 안에 셔츠 밑에 감추어둔 사과파이가 있었다. 어머니가 주신 파이였다. 그것을 꺼냈다.

"냠냠……" 호레이스가 입맛을 다셨다.

"내가 노래 연습하도록 가만히 내버려 두면 이 파이를 한 조각씩 줄게."

"알았어." 라이오넬이 진지하게 약속했다.

"나도." 사무엘이 말했다.

"나도." 호레이스가 말했다.

핀리는 파이에서 세 조각을 잘랐다. 그는 최선을 다해서 세 조각을 똑같이 잘랐다. 그리고 룸메이트에게 한 조각씩 주었다.

"아직 반도 더 남았어." 그가 말했다. "나를 괴롭히지 않으면 내일 또 한 조각씩 줄게."

"알았어!" 소년들이 말했다.

핀리는 기쁜 마음으로 파이를 다시 쌌다. "평화의 파이야." 서랍 안에 그것을 넣으며 말했다. "이제 마음 놓고 노래 연습을 할 수 있게 됐어."

3. 발표회 날

  발표회 날 아침, 맑고도 환하게 동이 텄다. 어떤 부모와 친지들은 말을 타고 왔고, 어떤 이들은 걸어왔다. 어떤 이들은 이륜마차, 어떤 이들은 사륜마차를 타고 왔다. 그들은 교실 벽에 걸려있는 소년들의 작품을 둘러보았다.
  행상인들이 건물 앞에 진열대를 설치했다. 그들은 짐을 풀어 물건을 늘어놓았다. 리본, 빗, 구슬 등 여러 가지가 있었다. 설탕에 절인 고기와 생강빵도 있었다.
  핀리는 행상인 진열대를 구경하며 돌아다녔다. 그는 행복하고도 자신감에 찼다. 곧 부모님이 오신다. 오늘 부모님은 그를 자랑스럽게 생각하실 것이다.
  그는 부모님의 이륜마차가 가까이 오는 것을 보았다. 부모님이 마차에서 내리자, 그가 달려갔다.
  "잘 있었니?" 아버지가 다정하게 말했다. "발표할 준비는 다 됐니?"
  "네. 그럼요!"
  "들어보고 싶구나." 어머니가 말했다.
  "난 얼른 들어가서 오늘 해야 할 연설에 대해서 뉴먼 선생님과 이야기를 해야 해." 모르스 박사가 말했다. 모르스 부부는 건물로 들어갔다.

발표가 시작되려면 아직 몇 분이 남았다. 핀리는 다시 행상인들에게 가서 더 구경했다.

"초상화를 만들어 드립니다!" 키가 작고 거무튀튀한 남자가 소리쳤다. "오 분밖에 안 걸려요. 25센트면 완성품을 드립니다."

핀리는 그곳에서 멈췄다. 그것은 새로운 방법의 초상화였다.

그 남자는 검은 종이를 집었다. 그는 섬세한 가위로 자기 앞에 앉아 있는 부인의 옆 모습을 오렸다. 그리고 그 종이를 흰 종이에 붙여서 부인에게 건네주었다. 그러자 그녀의 남편이 자리에 앉았다. 그 예술가는 그 남자의 옆모습도 오렸다.

핀리는 더 가까이 가서 부인의 실루엣 초상화를 보았다. 그리고 부인의 옆모습을 보았다. 아주 비슷했다. 짧고 위로 치켜든 코와 둥근 턱이 있었다. 그녀의 모자 깃털도 있었다. 남자의 옆모습도 아주 닮았다.

손님들이 더 왔고 핀리는 그가 가위질하는 모습을 관찰

    손님들이 더 왔고 핀리는 그가 가위질하는 모습을 관찰했다.

했다. 잠시 후 사람들이 발표회를 보러 들어가자 손님들이 뜸해졌다.

    그러자 그 남자가 핀리에게 말했다. "내가 가위질하는 것을 열심히 관찰했지, 안 그러니?"

"네. 정말 비슷하게 종이를 오리시는군요. 저도 그렇게 할 수 있으면 좋겠어요."

"너도 할 수 있을지 모르지. 한번 해봐라."

그는 검은 종이를 핀리에게 내밀고 가위를 주었다. 그리고 옆으로 돌아앉아 핀리가 옆모습을 보게 해주었다. "내 옆모습을 보고 오려라." 그가 말했다.

'그거야 간단하지.' 핀리가 생각했다. '큰 매부리코에 턱이 살짝 앞으로 튀어나왔군.'

핀리는 계속 종이를 삭삭 잘랐다. 여기서 뚝 자르고 저기서 뚝 잘랐다. 결과를 보니 엉망진창이었다. 비슷한 데라고는 조금도 없었다.

그 남자가 종이를 한 장 더 주었다. 그리고 한 장 더. 한 장 더.

"연습하면 된다." 그가 명랑하게 말했다. "발표회가 끝날 때까지 난 할 일이 없으니까 널 도와주지."

"발표회!" 핀리가 소리쳤다. 노래를 불러야 한다! 그가 그렇게 오랫동안 연습해왔던 노래. 그 노래를 잘 불러서 부모님을 기쁘게 해드리고 싶었는데…….

그는 마치 뜨거운 감자라도 떨어트리듯 종이와 가위를

놓았다. "고맙습니다!" 그가 어깨너머로 인사를 했다. 그리고 필립스 아카데미 중앙건물을 향해 전속력으로 달렸다.

출입문에 이르자 가슴이 철렁 내려앉았다. 소년들의 발표는 모두 끝난 뒤였다. 이미 아버지가 연설하고 있었다!

"너희는 이제 미래를 위한 초석을 놓고 있다." 모르스 박사가 말했다. "지금 너희가 형성하는 인격과 습관이 앞으로 일생 지속이 될 것······"

발표회가 끝나고 핀리는 부모님과 마차를 타고 집으로 가고 있었다. 가는 길 내내 아버지는 그를 꾸짖었다.

"너는 점점 더 이솝우화에 나오는 토끼처럼 되어가고 있어." 그가 가혹하게 말했다. "넌 노래를 완벽하게 다 외웠다고 말했어. 그런데 네가 발표할 차례가 왔을 때, 넌 바깥에서 행상인이 실루엣 만드는 것이나 구경하고 있었다니. 뉴먼 선생님이 네 점수만 깎고 돌려보낸 것을 다행으로 알아라. 잘못하면 퇴학을 맞을 수도 있었다."

"잘못했어요, 아빠." 핀리가 자그마한 목소리로 말했다. "정말 잘못했어요."

아버지 말이 맞았다. 그는 점점 더 그 토끼처럼 되어가고 있었다. 낮잠을 자기 위해서가 아니라 가는 길에 보이는 것들마다 궁금해서 코를 들이대느라 항상 멈추었던 것이다.

그러나 그는 그렇게 해서 실루엣 만드는 법을 배웠다. 검은색 종이로 실루엣을 만들어주면 냅시가 얼마나 놀랄까? 핀리는 얼른 집에 가고 싶어 조바심이 났다.

9
시험에 통과할 수 있을까

1. 마음만으로는 안 되지

 1805년 이른 여름이었다. 열네 살이 된 사무엘 핀리 브리즈 모르스는 목사 사택에 있는 자신의 방에 앉아 있었다.

그는 매끄러운 판자에 붙인 종이에 목탄으로 어머니를 그리고 있었다.

그가 이미 완성한 모르스 부인의 그림 여섯 장이 침대 위에 널어져 있었다. 뜨개질하는 모습, 책 읽는 모습, 차분한 미소로 밖을 내다보는 모습 등, 그림마다 서로 달랐다.

'이 그림이 제일 좋아.' 핀리가 종이에 스케치를 하며 생각했다. 그것은 모르스 부인이 흰 실내용 모자를 쓴 옆 모습이었다. '코도 적당하고 턱도 적당해.'

목탄을 몇 번 능숙하게 움직이니 금세 종이 위에 모자 앞부분이 나타났다. '우리 가족 초상화에 이 그림을 넣어야지.'

그는 미소를 지었다. '이제 아버지와 리차드와 나만 그리면 돼. 시드니는 지난주에 그린 그림을 넣으면 되고. 이제 각각의 그림을 모두 모아서 하나로 만들어야지. 여러 사람을 한꺼번에 그리는 건 정말 재밌어.'

"핀리!" 아버지가 불렀다. "내 서재로 오너라. 드와이트 박사가 오셨다."

"네." 핀리는 조금 전에 키가 크고 머리가 하얗게 센 그 신사분이 오셨으니, 언제라도 아버지가 자기를 부를 것이라고 예상하고 있었다.

드와이트 박사는 예일 대학의 학장이면서 모르스 박사의 친구였다.

핀리는 목탄을 내려놓았다. 그리던 그림을 침대 위 다른 그림 옆에 놓은 뒤, 손을 씻고 일 층으로 내려갔다. 시드니도 함께 갔다.

"드와이트 박사님, 제 두 아들입니다." 모르스 박사는 사랑스럽게 두 소년의 어깨에 각각 손을 얹었다. "이 아이는 핀리, 이 아이는 시드니입니다."

키가 큰 신사가 소년들에게 고개를 끄덕였다.

"얘들아." 모르스 박사가 계속 말했다. "이번 여름에 드와이트 박사가 오셔서 너희들에게 시험을 치르게 하실 거야. 시드니, 넌 내년이 되어야 대학에 갈 수 있고, 핀리, 넌 이번 가을에 갈 수 있단다. 시험에 통과하면 말이야."

"이번 여름이 끝날 무렵 내가 다시 와서 시험을 치르기로 하겠다." 드와이트 박사가 말했다.

드와이트 박사가 떠나고 난 뒤, 모르스 박사는 핀리를 다시 서재에 불렀다.

그는 책상에 앉아 있었다. "핀리, 너 때문에 정말 걱정된다. 너도 알다시피 필립스 아카데미에서 받은 네 성적은 몹시 나빠. 드와이트 박사도 그 부분을 못마땅하게 생각하신다."

핀리가 침을 꿀꺽 삼켰다. 사실 그의 성적은 항상 나빴다.

아버지가 계속 말했다. "넌 쓸데없는 일을 열심히 하느라 시간을 낭비해온 것 같다. 이제 거의 어른이 다 됐는데, 아직도 학교를 졸업해서 뭘 할지 모르니 말이다."

'나는 화가가 되고 싶어요.' 핀리가 생각했다. 하지만 그런 말을 해봐야 소용이 없다는 것을 알고 있었다.

"넌 동생들과 어쩌면 그렇게도 다르냐? 동생들은 벌써 목사가 되려고 열심히 공부하고 있는데." 모르스 박사가 핀리에게 손가락을 흔들었다. 그러나 그의 음성은 부드러웠다. "너도 머리는 아주 좋아. 그 머리를 잘 사용해서 시험에 좋은 성적을 얻기 바란다. 그러려면 필립스 아카데미에서 배운 것을 모두 복습해야 한다."

"잘할게요, 아빠." 핀리가 진지하게 약속했다.

모르스 박사가 일어섰다. "이제 네가 결심을 한 줄로 믿겠다. 넌 항상 올바른 마음을 가지고 있어. 그러나 마음만으로는 안 된다. 실제로 열심히 노력해야 해. 이번 여름 내내 열심히 공부해라."

핀리는 다시 자기 방으로 돌아가서 침대 옆에 있는 탁자로 갔다. 거기에는 아카데미에서 공부하던 책들이 쌓여있었다. 그는 즉시 공부를 시작하려고 했다. 시험에서 좋은 성적을 받아야 한다.

그러나 침대 옆을 지나가던 그는 어머니를 스케치하던 그림을 보았다. 새로운 아이디어가 떠올랐다. "잊어버리기 전에 이걸 종이에 옮겨야겠어!" 그가 생각했다.

곧 그는 열심히 스케치했다. "식탁의 여기에 아빠를 그리고, 여기에 엄마, 그리고 시드니, 리차드, 나. 이렇게 그려야겠어." 목탄이 빠르게 휘휘 움직였다. 공부는 다 잊어버렸다. 핀리는 저녁 식사 때까지 그림을 그렸다.

2. 가족 그림

"리차드, 가만히 있어!" 핀리가 매섭게 말했다. "엄마 아빠가 돌아오시기 전에 네 그림을 완성해야 하는데, 네가 그렇게 계속 꿈틀거리면 어떻게 그림을 그린단 말이야?"

열 살 난 리차드가 한숨을 쉬었다. "난 오전 내내 이 나무등치에 앉아 있었어. '이리 돌아앉아!' '저리 돌아앉아!' 계속 그런 말만 했잖아. 이제 지겨워. 더 이상 못 앉아 있겠어. 도대체 내 그림을 몇 장이나 그리는 거야?"

"이번이 마지막이야." 핀리가 말했다. "이번 그림은 진짜 마음에 들어. 이 그림을 가족 초상화에 넣어야겠어."

리차드는 어깨를 펴고 거의 동상처럼 움직이지 않으려

리차드는 거의 동상처럼 움직이지 않으려고 했다.

고 했다. 종이에 목탄이 스치는 소리가 계속 들렸다. 마침내 핀리가 그를 놓아주었다.

"가족 초상화를 언제 완성할 거야, 핀? 이번 여름 내내 그걸 그렸잖아."

핀리는 아무 생각 없이 코를 문질렀다. "목탄 스케치는 이제 거의 다 끝났어. 네 그림이 마지막이거든."

리차드가 벌떡 일어났다. "보여줘!" 그가 뛰어와서 핀리 어깨너머로 그림을 들여다봤다. "나하고 비슷해. 그런데 왜 옆모습이야?"

"곧 알게 돼." 핀리가 일어섰다. "이리 와. 내가 보여줄게."

그는 다른 리차드 그림과 그 옆에 놓여있던 라틴어책을 집었다.

"라틴어 공부는 전혀 안 했지?" 리차드가 핀리를 따라 집으로 들어가면서 말했다.

"나중에 공부할 거야." 핀리가 대답했다.

그의 방에 가니 두껍고 큰 종이가 펼쳐져 있었다. 리차드가 몸을 굽혀 그것을 보았다.

거기에는 모르스 가족이 있었다. 모르스 부인은 흰색 실내용 모자를 쓰고 식탁 한쪽 끝에 있었다. 그 옆에는 검은 눈에 사려 깊어 보이는 시드니가 서 있었다. 모르스 박사는 키가 크고 기품있는 모습으로 중앙에 앉아 있었다. 핀리는 그의 옆에 두 손을 차렷하고 서 있었다. 모두 다 식탁의 한가운데를 쳐다보고 있었다.

"난 어디에 넣을 거야?" 리차드가 물었다.

"어머니 맞은 편 식탁 끝에."

"식탁 한가운데를 보면서?" 리차드가 물었다. "그렇다면 거기에 우리 모두 쳐다볼만한 뭐가 있어야 하는 거 아니야?"

핀리가 또 코를 문지르자, 코에 시커먼 얼룩이 묻었다. 넓은 그의 이마에 검은색 머리카락이 늘어졌다. 그것을 뒤로 젖히니 이마에도 시커먼 얼룩이 묻었다.

"그래. 한가운데 뭔가 놓아야겠어." 그가 말했다. "하지만 뭘 놓을지 아직 모르겠어."

"아빠 바로 앞에다 아빠 서재에 있는 지구본을 놓지 그래?" 리차드가 제안했다. "아빠는 항상 그걸 보시잖아. 우리에게도 얼마나 자주 보여주시는데."

핀리의 눈에 빛이 반짝였다. "좋은 생각이야, 리차드! 바로 그거야. 지구본!"

그는 목탄을 집어 스케치하기 시작했다. 지구본을 거의 다 그렸을 때 출입문이 열리는 소리가 들렸다. 아버지가 돌아오셨다!

핀리는 즉시 가족 초상화와 리차드의 스케치를 침대 밑에 밀어 넣었다. 그리고 라틴어책을 집어서 펼쳤다. 아버지가 이 층으로 올라오시면 핀리가 공부를 열심히 하는 모습을 보게 될 것이다.

3. 시험

늦은 8월 어느 날 저녁 모르스 가족이 식탁에 둘러앉았다.

"내일 드와이트 박사가 오신다." 모르스 박사가 조용히 발표했다. 그는 핀리와 시드니를 힐끗 쳐다보았다. "너희, 시험 준비가 되었겠지."

"준비됐어요." 시드니가 자신 있게 말했다.

핀리는 불안하게 들썩거렸다. '오늘 밤 먹자마자 공부해야지.' 그가 생각했다.

그날 밤 그는 밤늦게까지 자지 않고 열심히 공부했다. "여름 내내 공부하려고 했는데……." 그는 후회가 되었다. "진짜로 열심히 공부하려고 했는데……."

다음 날 아침 일찍 드와이트 박사가 오셨다. 사무엘 베럴도 함께 왔다. 그는 모르스 집에서 함께 예일 대학 시험을 보기로 했다.

드와이트 박사는 모르스 박사의 서재를 차지하고, 책상에 앉았다. 소년들은 작은 탁자에 앉았다. 탁자에는 각각 종이와 깃털 펜과 잉크병이 있었다. 소년들은 모든 질문

133

에 대한 답을 종이에 적어야 한다.

 시험이 시작됐다. 그리스어 문법, 라틴어 문법, 영어 문법에 대한 질문을 했다. 산수문제도 있었다. 작문도 써야 했다.

 핀리는 집중하려고 노력했다. 문제는 점점 더 어려워지는 것 같았다. '이번 여름에 공부를 더 열심히 했었더라면…….' 그는 계속해서 그런 생각을 했다. 시간은 몹시 느리게 갔다.

 3시가 되자 드와이트 박사가 말했다. "시험이 끝났다. 이제 시험지를 내라."

 핀리가 자기 시험지를 냈다. 그는 점수가 나쁠 것임을 알았다. 시험을 통과할 수나 있을까? 지금은 오직 그 걱정밖에 없었다. 아버지 말이 옳았다. 마음만 가지고는 안 된다. 행동이 따라야 한다.

 이틀 후 시험 결과가 나왔다. 모르스 박사가 손에 편지를 들고 핀리 방에 들어왔다. "핀리, 아빠는 너에게 실망했다." 그가 차분히 말했다.

 핀리는 마치 심장이 바닥으로 툭 떨어지는 것 같았다. "시험에 통과했어요?" 그가 물었다.

가족 그림

아버지가 한숨을 쉬었다. "그래. 통과는 했다. 하지만 난 네가 좋은 성적을 얻었으면 했었다."

어쨌든 핀리는 안도의 숨을 내쉬었다. 이제 그는 예일 대학에 가기 전에 다른 일에 신경쓰지 않고 오직 그의 그림을 완성하는데 몰두할 수 있게 되었다.

모르스 박사는 그의 침대 위에 있는, 가족을 스케치한 그림을 보았다. "공부해야 할 시간에 이런 것을 하고 있었구나."

"네, 그… 그랬어요." 핀리가 스케치를 들어보였다. "이제 이 스케치에 색깔을 칠하려고요. 그런데 수채화로 해야할지 유화로 해야할지 모르겠어요."

아버지는 스케치를 유심히 관찰했다. 그는 그림 속의 자신의 모습을 오랫동안 쳐다보았다.

핀리가 기대하는 마음으로 아버지를 쳐다보았다.

"제법 잘했는데." 마침내 모르스 박사가 말했다. "제법이야. 하지만 아주 잘한 건 아니야." 그는 핀리의 어깨에 손을 얹었다. "핀리, 중요한 것을 먼저 해야 한다. 제일 중요한 것은 좋은 성적으로 시험에 통과하는 것이야. 그런데 넌 공부는 안 하고 그림만 그리고 있었구나." 그가 방에서 나가려고 돌아서서 문까지 가더니 멈추어 뒤를 돌아보았다. "예일 대학에 가면 좀 차분해지겠지."

10
네모난 말뚝

1. 공부하기 싫어

　　　　　예일 대학 벽돌 건물 사이로 구불구불하게 나 있는 자갈길을 따라 두 젊은이가 걸어오고 있었다. 그들은 한 기숙사 건물 앞에서 멈추었다.

"내가 건물들을 모두 보여 주었지?" 사무엘 배럴이 그 동료에게 말했다. "이제 지리 모르스 방을 봐야 해. 처음 들어온 일 학년들이 놓치면 안 되는 광경이지."

시드기야 바스토가 미소를 지었다. "내가 뉴 헤이븐 에

온 이후로 벌써 세 번째 그 말을 들었어. 대단한 예술가라고 하더군."

사무엘이 문을 열었다. "그럼, 들어가 보자."

"그런데 왜 그를 '지리'라고 부르지?" 시드기야가 물었다. "이름은 핀리라면서?"

사무엘이 어깨를 으쓱했다. "정식 이름은 사무엘 핀리 브리즈 모르스야. 우리는 주로 핀리라고 불렀지. 하지만 그가 이제 자신을 사무엘이라고 불러달라고 했어. 그리고 지리는 별명이야. 그의 아버지가 지리책을 쓰셨거든."

"난 누가 내 이름을 뭐라고 부르던 상관이 없어. 식사 때 내 이름을 빼놓지만 않는다면 말이지."

그 소리에 사무엘과 시드기야가 고개를 돌렸다. 키가 크고, 머리가 검고, 파란 눈을 한 열여섯 살 소년이 몇 발짝 뒤에 서 있었다.

"지리! 마침 널 보러 가려던 참이야. 시드기야는 우리 학교에 새로 왔어. 네 방을 보여주려고."

"와서 봐." 지리가 말했다. "누구든지 보고 싶다면 환영이야."

그는 복도 끝에 있는 방으로 앞장서며 인도했다. 그 방은 시드기야가 본 다른 기숙사 방과 거의 똑같았다. 다만 다른 방들과는 달리 그 방 벽에는 천정부터 바닥까지 온통 그림으로 도배되어 있었다.

시드기야는 감탄하며 구경을 했다. 대부분은 초상화였다. 어떤 그림은 캔버스에 유화로 그렸고, 어떤 그림은 종이에 수채화로 그렸다. 상아에 그린 미니 초상화도 있었고, 검은색 종이를 오려서 만든 실루엣 초상화도 있었다. 우스꽝스럽게 그린 초상화인 캐리커쳐도 있었고, 종이에 목탄으로 그린 스케치도 있었다.

느닷없이 시드기야가 웃음을 터트렸다. 그는 거의 벽의 한 면을 다 차지하고 있는 큰 그림 앞에 서 있었다. '침묵의 언덕'이라는 제목의 산 그림이었다. 산에는 소년들이 많이 있었는데, 두 손을 땅에 짚고 기어가거나, 걸어가고 있었다. 어떤 소년들은 뛰어가고 있었다. 모두 다 산꼭대기로 올라가고 있었다.

"이 아이는 빌리 징클리 아니야?" 시드기야가 물었다. "저렇게 해서는 도랑도 건너기 어렵겠군!"

그가 또 다른 소년을 가리켰다. "여기 조셉 덜스도 있네. 그는 거의 꼭대기에 다다랐고."

그때 산의 밑자락에 지치고 졸린 눈을 한 소년이 있었다. 그는 자기 앞에 놓인 거대한 바위를 기어 올라가려고 애쓰고 있었다.

"이 아이는 지리, 바로 너로구나!" 시드기야가 웃었다.

"그리고 나에게 딱 맞는 곳이지." 지리가 슬픈 듯 말했다. "저 바위를 넘을 수나 있을는지……."

그 바위에는 '공부하기 싫어'라고 쓰여 있었다.

"만일 내가 하고 싶은 것만 할 수 있다면." 지리가 말했다. "다른 것은 안 하고 그림만 그릴 테야."

"내 초상화 그려줄 수 있어?" 시드기야가 몹시 원한다는 듯 물었다. "어머니에게 보내드리면 좋아하실 텐데."

"물론이지. 지금 당장 스케치를 해줄게. 여기 햇빛 있는 곳에 앉아."

사무엘 베럴은 몇 분 후에 방에서 나갔다. 그의 등 뒤에서 목탄이 종이를 긁는 소리가 들렸다. 시드기야는 지리가 스케치하도록 포즈를 취했다.

2. 새로 발견한 즐거움

예레미야 데이 교수가 교실에 앉아 있는 소년 열세 명에게 발표했다. "오늘 우리는 다른 과목을 공부한다."

 후유…. 사무엘 핀리 브리즈 모르스는 하품을 참을 수가 없었다. 그는 어젯밤 늦게까지 자지 않고 시드기야 바스토의 초상화를 그렸다. '만일 수업만 없다면 오늘 그걸 마저 완성할 수 있었는데.' 그가 생각했다.

 "오늘은." 데이 교수가 계속 말했다. "전기를 주제로 강의하겠다."

 전기! 사무엘은 정신이 퍼뜩 들었다. 그는 이제 초상화는 완전히 잊어버렸다. 이건 뭔가 예사롭지 않은 일이었다. 대학에서 전기를 배운다니! 그것은 신기한 자연의 현상일 뿐인데. 물론 사무엘로서는 그걸 관찰하는 게 몹시 재미있었지만 말이다.

 교수는 계속 설명했다. "전기에 대해서는 오랫동안 알려진 것이 없었다. 다만 수백 년 전에 그리스의 철학자와 과학자들이 전기를 충전하는 한 가지 방법을 발견했지. 그들은 전기의 몇 가지 속성에 대해서 깨달았어. 마치 자철석처럼 전기도 물체를 끌어당기는 힘이 있다는 것을 알았지. 그러나 전기가 활동하지 않는 상태, 즉 정전기에 대해서만 발견했지."

사무엘은 아버지가 전기에 대해서 말씀하시던 기억이 났다. 그가 손을 번쩍 들자 교수가 고개를 끄덕했다. "정전기란 고양이 털을 문질렀을 때 생기는 스파크인가요?" 사무엘이 물었다. "그리고 신발로 카펫에 문지른 뒤에 다른 사람을 건드렸을 때 생기는 그런 스파크인가요?"

교수가 또 고개를 끄덕였다. "맞아." 그가 말했다. "그런 것들이 정전기의 예란다. 정전기는 두 가지 물체를 어떤 특정한 상태에서 문지르거나 마찰시킬 때 일어난다. 이것이 바로 인간이 처음으로 발견한 전기의 형태야. 그러나 그런 정전기는 전기의 힘이 매우 약하지.

볼타는 셀을 고안해서 전류를 생산했어. 그리고 셀을 여러 개 합치면 전류가 더 강하게 흐른다는 사실을 깨달았지. 이렇게 셀을 여러 개 합친 것을 배터리라고 불렀다."

사무엘 모르스는 필기를 하느라 바빴다. 그는 들은 것을 하나도 잊어버리지 않으려고 했다.

"이제 전기의 힘이 알려졌으니." 데이 교수가 계속 이어 말했다. "장차 어떤 놀라운 일을 하게 될지 누가 알겠니? 언젠가는 아마도 전기가 인간의 하인이 되어 아주 유용한 도움을 줄 것이다."

사무엘은 생각했다. '어쩌면 내가 살아 있는 동안 그런 일이 일어날지도 몰라!' 그 생각을 하니 마음이 설레었다.

데이 교수는 옆에 놓인 탁자로 몸을 돌렸다. 그 위에는 이상한 물건들이 있었다. 유리병 몇 개가 금속 띠로 한데 묶여 있었다. 유리병에는 산이 들었다고 교수가 말했다. 각각의 병이 셀이고, 그것들을 묶은 것이 배터리다. 그는 소년들에게 나와서 배터리의 셀을 보라고 말했다. 소년들이 가까이 가자 병 속에는 가느다란 금속이 매달려 있었다.

"이것이 볼타가 만든 제일 큰 배터리다." 교수가 설명했다. "아주 강한 전류를 생산하지. 나중에 우리도 배터리를 만들 거다. 그러나 오늘은 전류가 어떻게 움직이는지 보기로 하자. 두 명이 나와서 배터리의 전선을 잡고 있겠니?"

사무엘 모르스가 앞으로 나갔다. "제가 한쪽을 잡겠습니다."

조셉 델스도 자원을 했다.

"이제 너희는 모두 이 탁자 주변에 원으로 서서 서로 손을 잡아라."

그는 조셉에게 전선 끝을 어떻게 잡는지 보여주고, 그

"오늘은." 데이 교수가 계속 말했다. "전기를 주제로 강의하겠다."

옆에 서 있는 소년의 손을 잡게 했다. 다른 소년들도 손을 잡고 마지막 소년이 전선의 다른 끝을 쥐고 있는 사무엘의 손을 잡았다. 사무엘이 손을 잡자마자 별안간 전류가 원을 타고 재빠르게 흘렀다. 소년들 모두 충격을 느낄 수 있었다.

"아야!" 조셉이 전선을 떨어트렸다. 그 순간 전류가 끊어졌다.

"누군가 제 팔을 살짝 때린 것 같아요." 사무엘이 놀랍다는 듯 말했다.

"손을 잡자마자 즉시 충격을 느낀다는 사실을 알았니?" 데이 교수가 물었다. "전류는 두 전선이 연결되면 흐르기 시작한다. 전기가 한 물체에서 그다음 물체로 흘러가지. 그것이 바로 전류야."

사무엘은 정신을 똑바로 차리고 나머지 강의를 들었다. 그는 어디에 가면 배터리 만드는 재료를 구할 수 있을까 생각하고 있었다.

그날 밤 그는 아버지에게 편지를 썼다. 모르스 박사는 과학적인 새로운 발견을 좋아했다. 그리고 그는 맏아들에게 이제 좋아하는 수업이 생겼다는 사실이 기뻤다.

3. 런던으로

그 후로 4년이 흘렀다. 사무엘 모르스는 어느 여름날의 이른 아침, 보스턴의 거리를 한가로이 걸어가고 있었다. 그는 이제 스무 살의 청년이 되었다.

그는 스콜리 광장의 인쇄업자이며 책을 파는 상인인 다니엘 멀로리의 서점 앞에서 멈췄다. 사무엘은 자물쇠를 열고 들어갔다.

먼저 그는 빗자루를 꺼내어 상점의 바닥을 쓸었다. 그리고 계산대 아래서 걸레를 꺼내어 책의 먼지를 닦았다. 손님이 들어오자 사무엘은 걸레를 내려놓고 얼른 계산대 뒤로 갔다. "안녕하세요, 윌슨 씨." 그가 명랑하게 말했다. "뭘 도와드릴까요?"

"네 아버지가 쓰신 지리책을 다오."

사무엘은 선반에서 모르스 박사의 책을 내렸다.

"여기서 일하기 좋으냐?" 윌슨 씨가 다정하게 물었다.

"저는 아버지를 기쁘게 해드리고 싶어요. 그리고 일하는 것도 그런대로 괜찮아요. 하지만 저는 초상화를 그리거나 과학 실험을 하고 싶어요." 사무엘이 한숨을 쉬었다. "그런데 제가 하고 싶은 일로는 돈을 벌 수가 없어요."

월슨 씨가 책값을 냈다. "워싱턴 알스턴이 네 초상화에 관심이 있다고 들었다. 그는 아주 뛰어난 화가야."

사무엘의 얼굴이 환해졌다. "그래요? 그분이 저를 런던에 보내주도록 저희 아버지를 설득해주셨으면 좋겠어요."

"알스턴이 어떻게 그렇게 한단 말이냐?"

사무엘이 계산대 뒤에 몸을 기댔다. 갑자기 그는 월슨 씨에게 자신의 비밀을 알려주고 싶었다.

"실은 지난주에……." 그가 속마음을 털어놓았다. "제가 제일 잘 그린 그림 두 개를 가지고 그분을 찾아갔었어요. 의견을 듣고 싶어서요. 오늘 밤에 저더러 다시 오라고 하셨죠. 그는 아버지도 모시고 오라고 했어요. 제가 그림에 소질이 있으니까 외국에 가서 공부해야 된다고 아버지께 말씀드리려고요."

"아버지가 그분 말씀을 듣고 동의하실까?" 월슨 씨가 물었다.

사무엘이 걱정스러운 듯 말했다. "한 가지 문제가 있어요. 아버지는 알스턴 씨가 저를 좋아한다는 걸 알고 계세요. 그러니 알스턴 씨가 무조건 제 편을 든다고 생각하실

수도 있어요."

윌슨 씨는 거스름돈과 책을 받았다. "잘 되기 바란다." 그가 진심으로 말했다. 그는 그 예의 바른 서점 점원을 좋아했다.

"감사합니다."

사무엘은 하루 종일 시계를 쳐다봤다. 시간이 멈춰버린 것 같았다.

이윽고 가게 문을 닫을 시간이 되었다. 사무엘은 서둘러 나가서 곧장 워싱턴 알스턴의 화실로 갔다. 아버지는 이미 몇 분 전에 도착해 있었다. 알스턴 씨는 두 사람을 따뜻하게 환영해주었다.

화실에는 이젤이 두 개 있었고, 그 위에 사무엘의 그림이 놓여 있었다. 한 개는 풍경화인데, 고요한 들판 멀리 커다란 나무가 가지를 뻗고 있는 풍경이었다. 다른 하나는 필그림이 플리머스에 상륙하는 내용의 그림이었다.

알스턴은 지체없이 본론에 들어갔다. 그는 이젤을 가리키며 모르스 박사에게 진지하게 말했다. "이 작품은 훌륭합니다. 만일 사무엘이 제 아들이었다면 저는 그를 런던에 보내서 공부를 시키겠습니다. 그림을 보면 소질이 뛰어

"흠……." 마침내 그가 소리를 냈다. "참, 흥미롭군. 색깔을 잘 사용했어."

납니다. 그러나 훈련을 받아야 합니다. 런던에 가면 벤자민 웨스트 같은 위대한 화가들에게서 배울 수 있습니다."

모르스 박사는 조금도 놀라지 않은 것 같았다. "그런 말씀을 하실 줄 알았습니다." 그가 조용히 말했다.

사무엘의 마음이 철렁 내려앉았다. 아버지는 알스턴 씨가 단지 그를 좋아하기 때문에 그런 말을 했다고 생각하시는 것이다!

그때 문을 두드리는 소리가 들렸다. 알스턴 씨가 미소를 지었다. "저 혼자만의 의견으로는 충분치 않으실 것입니다. 그래서 제가 친구를 불러서 이 그림을 보고 의견을 들려달라고 부탁했지요."

그는 문으로 갔다. "스튜어트 씨, 들어오세요." 그가 말했다.

키가 크고 잘생긴 남자가 최근 유행하는 멋진 옷을 입고 들어왔다. 그는 미국 최고의 화가, 길버트 스튜어트였다!

그를 보니 화공이 얼마나 존경받을 만한 직업인지가 증명되었다. 그가 그린 조지 워싱턴의 그림을 모르는 사람이 없었다. 그는 뉴욕, 필라델피아, 보스턴에서 명망있는 사람들의 초상화를 그렸다. 많은 사람들이 그를 좋아했고 존경했다.

사무엘은 초조하게 기다렸다. 아버지는 길버트 스튜어트 말이라면 조금도 의심하지 않을 것이다. 의심할 수가 없다! 전국에 그보다 더 뛰어난 화가가 없으니까.

스튜어트 씨는 이젤로 걸어갔다. 그리고 칼같이 날카로운 눈으로 사무엘의 그림을 들여다봤다. "흠……." 마침내 그가 말을 꺼냈다. "참, 흥미롭군. 색깔을 잘 사용했어."

그는 몇 분 더 그림을 관찰했다. 그리고 모르스 박사에게 몸을 돌렸다. "아드님에게는 대단한 소질이 있습니다. 그러나 훈련을 받지 못했군요. 해부와 구도를 공부한다면, 나중에 틀림없이 뛰어난 화가가 될 수 있겠습니다."

사무엘은 안도의 숨을 내쉬었다. 모르스 박사는 두 화가를 번갈아 쳐다보았다. "감사합니다. 두 분이 의견을 들려주셔서." 그가 조용히 말했다. "오랜 경험과 지식을 가지고 해주신 말씀으로 생각됩니다."

그는 아들에게 몸을 돌렸다. "널 목사로 만들려고 노력을 한 내가……" 그가 말을 이었다. "알고 보니 동그란 구멍에 네모난 말뚝을 박으려고 했던 것 같구나."

그는 모자를 집었다. "사무엘이 런던에 가서 공부하는 데 필요한 비용을 대주겠습니다." 그는 잠시 머뭇거리더니 이렇게 덧붙였다. "제 아들 작품을 그렇게 높이 평가해 주시니 참 기쁘군요."

11
온 세상이 놀란 발명품

1. 화가가 된 사무엘

모르스 박사는 그의 말을 지켰다. 그리고 아들을 런던에 보냈다. 런던에 간 사무엘은 워싱턴 알스턴과 그 위대한 벤자민 웨스트 밑에서 공부했다. 웨스트는 미국인 화가 중에 가장 유명했고, 영국에서도 가장 이름있는 화가 중 하나였다. 사무엘은 4년 동안 그림 공부를 한 뒤 다시 미국으로 돌아왔다.

그는 보스턴에 작은 화실을 열어 작품을 전시해놓고, 손님을 기다렸다. 그의 아버지 친구들이 도시에서 부유한 사람들 몇 명에게 그를 소개해 주었다. 그들은 그의 작품에 찬사를 보냈으나, 아무도 그의 작품을 사겠다거나 그림을 그려달라고 주문하는 사람이 없었다.

곧 사무엘은 그의 아버지 말이 옳았다는 것을 깨달았다. 미국에서는 그림을 그려서 먹고 살기가 어려웠다. 대부분의 사람들은 부자가 아니었고, 부자들은 오직 초상화에만 관심이 있었다.

사무엘은 점점 실망에 빠졌다. 그는 화실을 닫고 강을 건너 찰스타운의 집으로 돌아갔다.

"걱정 마라." 아버지가 말했다. 처음에는 다 그런 거야. 유명해지려면 먼저 사람들이 조금씩 네 이름을 알게 되고 네 실력이 알려져야 한다. 나가서 사람들을 만나고 네 작품을 보여줘라. 그러면 손님이 생길 거다."

곧 여름이 되어 사무엘은 물감과 캔버스를 들고 뉴햄프셔로 갔다. 그곳은 경관이 아름답고 잘 사는 농부들이 사는 곳이니 그들이 초상화를 원할지도 모른다.

다행히 콩코드에서 그의 첫 번째 손님을 만났다. 그보다 더 행운인 것은 거기서 루크레시아 피커링 워커라는 아가씨를 만난 것이었다. 루크레시아는 아름다웠고, 사무엘은 사랑에 빠졌다. 그러나 그녀의 아버지는 부자였다. 가난한 화가였던 사무엘에게는 거의 가능성이 없었다. 그는 여름내 고민을 하던 끝에 용기를 내어 자신의 마음을 표현했다. 그리고 루크레시아도 자기를 좋아한다는 사실을 알았다.

그는 너무도 기뻤으나 동시에 그만큼 낙심했다. 그는 돈을 벌기는 했으나 결혼을 하기에는 턱없이 부족했다. 워커 씨가 결혼을 승낙한 뒤 10월의 어느 날, 사무엘과 루크레시아는 함께 산책을 했다. 사무엘의 마음은 침울했다.

"손님을 더 구하지 못한다면, 앞으로 몇 년이 걸려도 결혼하기 어려울 거예요." 그가 말했다. "아직 벌어놓은 돈이 없어요. 때때로 나는 내가 그림 그리는 것을 반대하셨던 아버지가 옳았다는 생각이 들어요. 미국에서 화가는 거지보다 나을 게 없어요."

"낙담하지 말아요, 사무엘." 루크레시아가 말했다. "일 이 년 더 기다리겠어요. 당신은 언젠가 유명해지고 성공할 사람이란 걸 난 알 수 있어요."

"당신 말이 맞았으면 좋겠어요." 그는 슬픈 듯 고개를 흔들며 말했다. "삼촌께서 나에게 남부로 오는 게 어떠냐고 제안하셨어요. 그곳 사우스 캐롤라이나에는 부유한 상인들과 농장주들이 많다고요. 초상화 주문을 많이 받을 수 있을 거라고 말이죠."

"가는 게 좋겠어요."

"하지만 당신에게서 너무 멀리 떠나야 해요."

"알아요." 그녀가 말했다. "하지만 일 년 동안 열심히 일해서 결혼할 준비를 할 수 있다면 그럴만한 가치가 있죠."

"이곳에서 상황이 나아지지 않으면 가야 할 것 같아요."

가을이 지나고 겨울이 지났지만, 상황은 나아지지 않았다. 사무엘은 초상화 주문을 여러 개 받았으나 경제적으로 아내에게 공급해줄 만한 돈은 벌지 못했다. 마침내 1817년 가을에 그는 배를 타고 사우스 캐롤라이나의 수도, 찰스턴으로 갔다.

그는 어머니의 삼촌 핀리 박사의 집에서 머물렀고, 박사는 그의 친구들을 모두 소개해 주었다. 몇 주가 지났으나 역시 아무런 주문이 들어오지 않았고, 사무엘은 또다시 낙담에 빠졌다. 시간을 보내기 위해서 그는 삼촌의 초상화를 그렸다. 사람들이 그의 작품을 보고는 박사의 얼굴과 얼마나 똑같은지 매우 놀라워했다. 찰스턴에는 그렇게까지 잘 그리는 화가는 한 명도 없었다.

갑자기 사람들이 사무엘의 화실로 몰려들었다. 몇 주가 지나기도 전에 그는 주문을 너무 많이 받아 쉬지 않고 일을 해야만 했다. 게다가 고향에서보다 더 높은 가격으로 주문을 받았다.

사무엘은 몹시 기뻤다. 그는 마음이 부풀어 올랐고 원대한 계획을 세웠다. "오는 가을이면." 그가 루크레시아에게 편지를 썼다. "당신과 결혼해서 찰스턴으로 올 수 있을 거예요."

여름이 오자 그는 보스턴으로 돌아갔다. 주문받아 놓은 그림들도 많이 있었을 뿐 아니라, 그의 주머니에는 이미 3천 달러가 들어 있었다. 콩코드의 워커 씨 집에서는 분주하게 손님 맞을 준비를 했다. 9월에 사무엘은 마침내 루크레시아와 결혼했다. 몇 주 후 그들은 찰스턴으로 향하는 배를 탔다.

뉴욕에서 배가 떠나자 그는 도시의 건물들이 점점 멀어지는 모습을 보았다. 그의 생애에서 지금보다 더 행복한

적이 없었고, 더 확신에 찬 적이 없었다. 마침내 모든 꿈이 현실로 이루어지는 것 같았다.

"앞으로 나는 위대한 화가가 되어야 해!" 그가 말했다. "분명히 그렇게 될 거야!"

2. 번개가 더 빠르지요

1832년 저명한 미국 소설가, 제임스 페니모어 쿠퍼는 가족들과 함께 파리에서 살고 있었다. 그의 집은 당시 파리에서 공부하고 있던 많은 미국인들이 모이는 곳이었다. 그 미국인들 중에는 화가 사무엘 핀리 브리즈 모르스도 있었다. 모르스는 1829년부터 유럽에 와 있었다. 그는 이탈리아와 스위스에 살다가 파리로 왔다. 그는 쿠퍼 씨 집에서 자주 저녁 시간을 보냈다.

어느 여름날 밤 쿠퍼 씨 집에는 손님이 한 명밖에 없었다. 그는 리차드 하버샴인데, 사무엘과 방을 같이 쓰는 사람이었다. 사실 리차드는 쿠퍼 씨 딸 수잔을 만나러 왔다. 수잔은 아주 예쁘게 생긴 열아홉 살 처녀였다. 하지만 저녁 내내 쿠퍼 씨와 리차드는 쿠퍼 씨의 새 소설에 대해 대화를 나누었다.

저녁 식사 후 그들이 거실로 왔을 때, 쿠퍼 씨가 말했다. "오늘은 루브르 박물관에서 사무엘을 못 봤어요."

"맞아요. 그는 오늘 루브르 박물관에 가지 않았어요."

"어제도 안 왔던데. 그가 계획하고 있는 큰 작품에 대해서 놀려주려고 내가 박물관에 들렀었거든요."

하인이 커피를 가지고 왔다. 쿠퍼 부인이 물었다. "리차드, 커피 드시겠어요?"

"감사합니다, 부인." 그가 공손하게 대답했다. 그는 언제 수잔과 이야기를 할 수 있을까 마음이 초조했다. 그녀는 방의 다른 쪽 창가에 앉아 있었다.

쿠퍼 부인이 커피를 따라주었다. "가엾은 모르스." 그녀가 말했다. "그는 너무 불쌍해요. 몇 년 전에 죽은 아내 때문에 이만저만 우울한 게 아니에요."

"게다가." 남편이 덧붙였다. "실력에 비해서 그만큼 성공도 하지 못했으니. 그는 뛰어난 화가이지만, 자녀들 양육비도 제대로 벌 수 없다고 하더군요." 그가 궁금한 듯 리차드를 쳐다보았다. "모르스는 아직도 아픈가?"

"아니요. 그는 프랑스식 수기신호를 공부하러 시골로 갔습니다!"

"그게 도대체 뭐죠?" 수잔이 물었다.

그녀의 아버지가 고개를 뒤로 젖히고 껄껄 웃었다. "그러고 보니 모르스에게 또 새로운 흥밋거리가 생긴 거로군! 아, 수잔, 그건 서로 먼 거리 사이에서 암호를 만들어 신호를 보내는 거야. 산 위에서 수기신호를 본 적이 있잖니? 키가 큰 기둥에 팔 같은 것이 달려서 위아래로 움직이는 것 말이다. 그러면 아주 멀리 있는 산 위에서 그걸 볼 수 있지. 모르스가 수기신호에 빠져 있다면 다른 생각은 다 잊어버렸을 거야."

리차드가 미소를 지었다. "모르스 씨는 늘 신호를 보내는 방법에 대해서 궁리해요. 이리 운하가 개통되자, 그 소식이 운하를 타고 전해졌다는 말을 백 번도 더 들었어요. 어떻게든 물속으로, 혹은 전선으로 신호를 보내는 방법이 있을 거래요."

"우리도 들었어요." 쿠퍼 씨가 말하자 그 아내와 딸이 고개를 끄덕였다. "하지만 아무리 들어도 재미있어요. 배가 운하를 타고 신호를 아주 멀리 보냈으니, 그것도 말하자면 일종의 장거리 신호지."

수잔은 말없이 들으며 창밖을 내다보다가 갑자기 소리

쳤다. "아, 저기 모르스 씨가 오고 있어요."

쿠퍼 부인이 미소를 지었다. "이제 우리 모두 수기신호에 대해서 배우게 되겠군요."

몇 분 후 사무엘 모르스는 쿠퍼 씨 거실에 앉아 있었다. 그는 이제 마흔한 살로 귀 언저리에는 흰머리가 났으나 여전히 인물이 훤칠했다.

쿠퍼 씨는 그에게 커피를 따라 주었다. 드디어 리차드는 창가 쪽으로 옮겨가서 수잔과 이야기를 나눌 수 있게 되었다. 제임스 페니모어 쿠퍼는 그의 친구에게 그림을 게을리 한다고 놀리기 시작했다.

"맞습니다." 모르스가 진지하게 말했다. "이번 주 내내 한 번도 루브르 박물관에 간 적이 없어요." 그는 김이 모락모락 오르는 커피를 한 모금 마셨다. "쿠퍼 부인, 커피 맛이 아주 좋습니다."

그녀가 미소를 지었고, 그가 계속 말했다. "프랑스 장교 한 분이 제가 수기신호를 공부하고 있다는 걸 알았어요. 그는 이 수기신호를 검사해달라고 저에게 부탁했어요. 흥미로운 실험이 되겠지요."

"장거리 신호가 우편을 대신할 것 같습니까?" 쿠퍼 씨가 물었다.

사무엘 모르스는 쿠퍼 부인이 커피를 더 따라주는 것도 미처 모르고 몹시 흥분한 채 말을 계속했다. "아니요. 내용이 긴 것은 우편보다 더 좋은 방법이 없지요. 하지만 짧은 내용이라면 분명 수기신호가 더 빠릅니다. 미국에서는 더 효과적일 겁니다. 안개가 적으니까요."

그는 커피를 또 마셨다. "하지만 수기신호는 밤이나 날씨가 나쁜 날에는 볼 수가 없어요. 제 생각에 이것은 만족스러울 만큼 빠른 방법은 아닙니다. 번개가 더 빠르지요! 번개는 밤에도 보이구요." 그가 미소를 지으며 덧붙였다.

모두 다 웃었다.

"오, 사무엘, 예술가가 번개로 소식을 전하는 꿈을 꾸다니!" 쿠퍼 씨가 말했다. "그나저나 당신이 그리고 있던 루브르 박물관 그림은 언제 완성할 생각입니까?"

"아직 몇 개 더 남았어요. 다 합해서 50개를 그리려고 합니다. 미국에 돌아가서 완성하려고요. 하지만 오십 개는 더 그려서 가야 합니다."

모르스가 컵을 탁자에 놓고 의자 등받이에 몸을 기댔다. "모나리자를 본뜨고 있었어요. 그 그림을 그린 화가를 존

경합니다. 레오나르도 다빈치는 위대한 화가였는데, 동시에 발명가였거든요!"

제임스 페이모어 쿠퍼가 미소를 지었다. "어디 그 사람만 그런가요? 당신도 발명을 조금 했잖아요?"

"제가 만든 소방차와 상아 조각하는 기계 말씀입니까?" 모르스가 한숨을 쉬었다. "두 가지 다 성공을 못했어요." 그러더니 다시 얼굴이 환해졌다. "하지만 번개같이 빠른 장거리 신호, 날씨와 관계없이 효과가 있는 장거리 신호라면 분명 온 세상이 놀라게 될 겁니다."

3. 발명으로 가는 길

10월의 어느 바람 부는 날 사무엘 모르스는 작은 배 설리에 올랐다. 설리는 대서양을 왕래하며 우편물을 나르는 배였다. 우편선이 늘 그렇듯 설리에도 승객이 몇 명 타고 갔다.

두 가족과 남자 세 명이 탔다. 미국으로 돌아가는 모르스도 타고 있었다. 펠 선장은 모르스를 필라델피아의 변호사인 피셔 씨에게 소개했다. "그리고 이 분은 보스턴에서 오신 잭슨 박사입니다." 그가 세 번째 승객을 소개하며 말했다. "그는 파리에서 과학을 공부하고 계시지요."

'집에 돌아가는 길에 재미있는 대화를 나눌 수 있겠구나.' 모르스가 생각했다.

그러나 항해는 지연되었다. 바람이 변해서 일주일 내내 설리호는 르하브르 항구에 묶여 있었다. 승객들은 먹고 자고 갑판에서 산책하며 이야기하는 것 말고는 달리 할 일이 없었다.

어느 날 점심을 먹는 도중 잭슨 박사가 암페르라고 하는 프랑스 인을 만났다고 말했다. 그는 암페르가 전기와 자력이 서로 연관되어 있음을 증명했다고 말했다.

"그래서 전자석이란 걸 고안했지요." 피셔 씨가 말했다. "그것이 과학에 상당한 진보를 가져올 것으로 들었습니다."

그 옆에 앉아 있던 모르스가 고개를 끄덕거렸다. "그런데 아주 간단한 장치였어요. 연한 쇳조각에 전선을 빙빙 감은 것이죠. 전류가 전선을 따라 흐를 때만 자력이 생겨요. 하지만 자연 자석보다 훨씬 더 자력이 강해서 아주 무거운 물체를 움직일 수 있어요. 다만 전류에 의해서만 그 힘을 조절할 수 있다는 것이죠."

"아주 많이 알고 계시는군요." 피셔 씨가 놀란 듯이 말했다.

"저는 항상 전기에 관심이 많았습니다." 모르스가 설명했다. "전자석에 관한 강의도 들었어요. 저는 새로 개발된 것은 모두 놓치지 않고 알려고 합니다."

"그렇다면 전류가 긴 전선을 흐르면서 힘이 더 약해집니까?" 피셔 씨가 물었다.

"아니요." 잭슨 박사가 재빨리 대답했다. "전기는 전선이 얼마나 길든 관계없이 급속히 흘러갑니다."

"맞습니다." 사무엘 모르스가 대답했다. 그는 매우 진지한 표정을 지었다. "만일 전기 조류가 아주 먼 거리라도 순식간에 흐른다면, 아주 짧은 시간 안에 먼 거리에 신호를 보낼 수 있습니다. 신호뿐 아니라 편지 전체를 보낼 수 있지요! 그리고 기록도 할 수 있습니다!"

그는 한 손으로 탁자를 쳤다. "그리고 이 항해가 끝나기 전에 저는 그 방법을 찾아낼 수 있다고 생각합니다. 여러분, 여러분과 대화를 나누는 동안 중요한 아이디어가 떠올랐습니다!"

그는 흥분해서 먹는 것도 잊어버렸다. 실례한다는 말도

잊은 채 그는 벌떡 일어나 갑판으로 뛰쳐나갔다. 다른 승객들은 놀라서 그를 멍하니 바라보았다.

밖에 나간 모르스는 설리호의 갑판 위를 서성대고 있었다. 그는 마음속으로 신호를 보내고 기록하는 바로 그 도구를 고안하고 있었다. 마침내 그는 선실로 가서 트렁크에서 공책을 꺼냈다. 그리고 끄적이기 시작했다. 그는 페이지를 넘기며 계속해서 메모를 하고 그림을 그렸다.

며칠에 걸쳐 밤낮으로 그는 자신의 아이디어를 발전시켰다. 드디어 그는 그림과 메모가 가득한 공책을 잭슨 박사에게 보여주었다.

"전기를 사용한 전신 장치를 어떻게 만들 것인지 그려보았습니다." 그가 자랑스럽게 말했다. "이것의 장점은 단순하다는 것이죠. 이것은 세 부분으로 이루어졌습니다. 전기로 신호를 보내는 송신기, 전류가 흐르는 회로, 그리고 신호를 받는 수신기입니다. 이걸 사용하면 어떤 소식이라도 신호로 보낼 수 있고 받아 적을 수 있습니다."

그는 그림 중의 하나를 가리켰다. "여기 송신기에 배터리가 연결되어 있습니다. 송신기는 단순한 금속 막대기입니다. 전기 회로를 열었다 닫았다 하기 때문에 저는 그것을 열쇠(키)라고 부릅니다. 전기 회로는 배터리 전선을 따라 흘러 수신기에 도달합니다. 전선은 진흙으로 둘레를 싸서 땅속에 묻을 수 있습니다. 아니면 나무 기둥을 세워서 공중에 띄워도 되지요."

잭슨 박사는 그 그림을 유심히 연구했다. "그렇다면 받

"그리고 이 분은 보스턴에서 오신 잭슨 박사입니다."

은 신호를 어떻게 적지요?"

"전자석을 사용하는 겁니다. 바로 옆에 있는 또 다른 금속 막대기를 보세요." 모르스가 말했다. "전류가 흐르면 전자석에 강한 자력이 생겨 수신기 막대의 한 끝을 끌어당기게 됩니다. 그 힘으로 막대의 반대쪽 끝이 바닥에 닿습니다. 거기에 연필을 달면 종이에 흔적이 생깁니다. 둘둘 말은 종이를 연필 아래서 천천히 풀리게 하는 겁니다. 전류가 끊어지면 전자석이 자력을 잃어버리지요. 그러면 금속 막대가 다시 제자리로 돌아가고 연필이 다시 위로 올라갑니다."

"종이에 연필이 자국을 남긴다는 겁니까?" 잭슨 박사가 어리둥절해서 물었다.

"전류가 흘렀다 끊어졌다 하면서 여러 개의 자국이 생깁니다. 신호는 물론 암호로 보내는 거지요. 점과 막대로 된 암호도 고안했습니다. 점과 막대를 서로 잘 병합해서 여러 가지 알파벳과 숫자를 상징하는 겁니다."

"서로 다른 알파벳을 어떻게 보낸다는 뜻입니까?"

모르스가 침착하게 설명을 했다. "신호를 보내는 수신자가 키를 잠깐 누릅니다. 키를 놓으면 전류가 끊어집니다.

그러나 잠깐 누르는 동안 연필이 종이에 닿아서 점을 그립니다. 수신자가 키를 오래 누르고 있으면 전류가 오랫동안 흐릅니다. 그러면 연필이 막대를 그립니다."

"흠…….." 잭슨 박사가 감탄한 듯한 소리를 냈다. "정말 놀랍습니다. 이제 이해가 가는군요."

사무엘 모르스는 공책을 덮었다. "배가 정박하자마자 저는 이 송신기와 수신기를 만들 것입니다." 그는 갑판으로 오고 있는 펠 선장에게 몸을 돌렸다. "모르스의 전기 전신이나 모르스 암호란 말을 듣게 되시면, 그것이 이 설리호에서 고안된 기계란 걸 기억하십시오."

12
"하나님이 얼마나 놀라운 일을 하셨는가!"

1. 첫 번째 시험

　1844년 5월 24일 사무엘 모르스는 워싱턴 D.C. 국회 의사당 내 대법원실에 앉아 있었다. 그 앞에는 전기 전신기 모형이 놓여 있었다.

워싱턴, 볼티모어, 메릴랜드 사이를 연결하는 전신기용 전선이 완공되었다. 모르스의 친구이자 동업자인 알프레드 베일은 볼티모어에 있었다. 그의 앞에도 전신기 모형이 놓여 있었다. 두 전신기 사이에는 수 킬로미터 길이의

전선이 연결되어 있었다. 그 전선은 도시 사이를 연결하는 철로를 따라 세워 놓은 나무 기둥에 달려 있었다.

여러 국회의원들과 정부 주요 관리들이 그 실험을 보러 왔다.

"곧 보게 될 겁니다." 한 상원의원이 말했다. "국회가 3만 달러라는 거액을 쓸데없이 낭비했는지 아닌지 말입니다."

옆에 앉은 상원의원이 미소를 지었다. "모르스는 그 전선을 설치하기 위해 오래 기다렸습니다. 그는 그 기계를 시범해 보이며 6년에 걸쳐 자금을 요청했지요."

"그러나 만일 전기 전신이 예상대로 작동한다면." 한 하원의원이 말했다. "전 인류가 그 혜택을 볼 것입니다. 단 몇 분 안에 신호를 보내고 받는다고 상상해 보십시오!"

"아무리 편지를 빨리 전달한다고 해도 비교도 안 되지요." 첫 번째 상원의원이 말했다. "저기 애니 엘스워스 양이 가는군요. 그녀가 모르스에게 종이 한 장을 주었어요. 거기에 편지 내용이 적혀 있는 것 같습니다."

키가 큰 낯선 남자가 그들 뒤에 서 있었다. 그는 앞으로 몸을 굽히더니 물었다. "왜 저 아가씨가 첫 번째 편지를 주기로 했습니까?"

모르스는 손가락을 키에 올려놓고 편지의 내용을 쳤다.

"그녀의 아버지는 특허청장입니다." 상원의원 한 사람이 대답했다. "모르스 씨가 그녀에게 저 명예를 주었지요. 왜냐하면 그의 전신기 전선 비용을 국회가 지불하기로 결의했을 때 그녀가 처음으로 그 소식을 모르스에게 알려주었거든요. 그 안건은 국회가 해산하기 전날 자정에야 겨우 통과되었어요. 모르스는 그때 모든 희망을 버리고 호텔로 돌아갔던 터였는데 엘즈워스 씨가 통과 소식을 딸에게 전하게 했던 모양입니다. 엘즈워스 양은 다음 날 아침 일찍 호텔로 달려가서 그 소식을 전달했지요."

"그가 지금 편지를 읽고 있습니다." 그 남자가 말했다. "무슨 내용일까요?"

"그 내용을 다시 받아보면 알게 되겠지요. 만일 그 내용이 전선을 타고 되돌아온다면 말입니다!"

회의실 문이 닫혔다. 사무엘 모르스는 전신기를 내려다보았다. 거기에는 볼티모어에 편지를 보내는 키가 있었다. 그 옆에는 송신기가 있고 종이를 말아놓은 두루마리가 부착되어 있었다. 모르스는 손가락을 키에 올려놓고 편지의 내용을 쳤다.

그리고 기다렸다. 대부분의 사람들은 시계를 보고 있었다. 회의실은 쥐죽은 듯 고요했다. 알프레드 베일이 볼티모어에서 편지를 받았을까? 사람들은 궁금해서 안절부절 못했다.

탁! 타닥! 타닥! 타닥! 금속 막대가 빠르게 움직이기 시작했다. 마치 기적처럼 점과 막대가 종이에 나타났다.

사무엘 모르스는 미소를 지었다. 막대가 멈추자, 그는 암호를 해석해서 종이에 썼다. 그리고 자랑스럽게 그 종잇조각을 엘즈워스 양에게 주었다.

"같은 내용이에요!" 그녀가 소리쳤다. 그리고 엄숙하게 그 내용을 읽었다. "하나님이 얼마나 놀라운 일을 하셨는가!"

청중은 흥분해서 떠들기 시작하며 박수를 쳤다. 그들은 그 발명가에게 축하를 해주려고 모여들었다.

"편지는 2분도 안 되는 시간에 볼티모어에 갔다가 다시 왔습니다!" 한 상원의원이 감탄했다. "이제 우리는 쓸데없는 것에 돈을 낭비하지 않았다는 사실을 알았습니다!"

2. 전신기의 아버지

전기 전신은 사무엘이 첫 번째 편지를 볼티모어에 보냈던 이후 약간 수정되었다. 전신원들은 타닥거리는 소리를 귀로 듣고 모르스부호를 이해할 수 있다는 것을 깨달았다. 그래서 소리를 더 크게 내는 장치를 발명해서 수신기에 부착시켰다. 이제 전신원들은 전신이 들어올 때 그 소리를 듣고 그것을 받아 적었다. 뿐만 아니라 부호를 머릿속에서 단어로 해석하는 방법을 배웠다. 그리하여 수신기로 점과 막대를 그릴 필요가 없었다.

 1871년 6월 10일 뉴욕시의 박람회가 끝나고 있었다. 미국과 캐나다의 모든 전신원들이 그곳에 모였다. 그들은 "전신의 아버지" 사무엘 F. B. 모르스의 명예를 기리기 위해 모였다. 만일 모르스의 업적이 아니었더라면 아무도 그 직업을 가질 수 없었을 것이다. 그날 오후 뉴욕시 샌트럴 파크에는 동상을 가리고 있던 국기가 벗어졌다. 수많은 군중이 모여서 모르스의 청동상을 보고 박수를 쳤다.

 그날 저녁 젊은이 세 명이 14번가 거리의 음악회장으로 걸어가고 있었다. 모두 전신원이었다. 테드 모제스는 샌프란시스코에서, 밥 심슨은 뉴올리언스에서 왔고, 헨리 토마스는 뉴욕시에 살고 있었다.

 "동상 봤어요? 모르스 씨가 참석하지 못해서 아쉽군요." 밥이 말했다.

 "그는 이제 여든 살이 되어서 체력이 약해졌나 봅니다. 하지만 오늘 밤 연회 때에는 온다고 들었습니다." 테드가 말했다. "그리고 그가 전신으로 편지를 보낸다고 합니다."

 그날 저녁 그들이 음악회장에 도착하니 수많은 사람들이 입장하고 있었다.

"저기 사무엘 모르스 씨 보세요!" 테드 모제스가 무대에 앉은 흰 머리와 흰 수염의 나이 많은 사람을 가리켰다.

"그 옆에 앉은 분은 사이러스 필드 씨예요." 헨리가 말했다. "저 두 분이 대서양 횡단 전선을 설치했어요. 이제 전신이 해저를 통과해서 유럽까지 가게 되었어요.

"호레이스 그릴리와 헨리 워드 비처도 보입니다." 그가 덧붙였다. "저기, 우리 회사인 웨스턴 유니온사 사장님도 보이는군요. 그가 모르스 씨에게 두루마리를 건네주고 있어요."

"그 두루마리는 모르스 씨 동상에 돈을 헌납한 기부자 명단일 겁니다."

헨리가 끄덕였다. "저 두루마리가 6미터 길이라고 하더군요."

마침내 아홉 시가 되었다. 연설이 끝났다. 이제 사무엘 모르스가 전 세계에 편지를 보낼 차례였다.

전신기가 무대로 운반되었다. 그것은 27년 전에 사용했던 것과 똑같았다. 예쁜 아가씨가 키 옆에 앉아 있었다. 사무엘 모르스가 그녀에게 편지가 적힌 종이를 건네주었다. 그녀는 그 내용을 모르스 부호로 치기 시작했다. 점, 막대,

점. 점, 막대, 막대…….

그녀가 편지를 보내고 나자, 모르스 씨가 그 자리에 앉았다. 그 노인은 키에 손가락으로 치며 이렇게 덧붙였다. 점, 점. 점, 막대. 막대, 막대. 막대, 점, 점, 점. 막대, 막대, 점, 점…….

··· —— ··· —— ··· —— ···

귀를 기울여 듣고 있던 전신원들은 물론 그 부호가 무슨 뜻인지 알 수 있었다. 그것은 이런 내용이었다.

전 세계 전신원들에게 감사를 드립니다.
높이 계신 하나님께 영광, 땅에는 평화,
그리고 사람들에게는 기쁜 소식을!

S. F. B. 모르스

모르스부호

무슨 뜻일까요?

로빈새 개똥지빠귀, 회갈색 깃털에 가슴이 빨갛다.

주석 식기 은식기보다 조금 더 값이 싼 식기

회중파 특정 교단에 얽매이지 않고 독립적이고 자유로운 교회

포치 집 앞이나 뒤에 지붕이 있고 기둥으로 둘러진 현관

빨간코트 미국 독립전쟁 당시 빨간색 외투를 입었던 영국군은 '빨간코트', 미국군은 '애국자'라고 불렀다.

은세공 은으로 갖가지 도구를 만드는 직업

부싯돌 서로 마찰하면 불꽃이 생기는 아주 단단한 회색 돌

석판 점토로 만든 판. 아이들이 공부할 때 종이대신 사용하였다.

이젤 그림을 그릴 때 종이나 캔버스를 올려놓는 받침대

초상화 사람 얼굴을 그린 그림

문장 가문을 상징하는 그림

엠버 호박색 돌멩이. 장신구로 사용함

천로역정 17세기 영국의 설교자 존 번연의 기독교 우화소설

시에나 물감재료로 쓰이는 황갈색 점토

페니 제일 작은 단위의 돈

유화 기름을 섞은 물감으로 그리는 그림

실루엣 물체의 테두리를 따라 그림자같이 까맣게 그린 그림

뉴 헤이븐 예일 대학이 있는 마을

캐리커쳐 어떤 사람의 특징을 과장하여 우스꽝스럽게 묘사한 그림

특허청장 새 발명품을 인정해주는 기관의 책임자

여러분, 기억하나요?

1. 사무엘 핀리 브리즈 모르스는 어디서 살았으며, 그의 아버지는 직업이 무엇인가?

2. 핀리는 고양이 털을 문지르다가 무엇을 발견했나?

3. 핀리는 어릴 때 어떤 학교에 다녔나?

4. 핀리는 톰슨 씨 집에 불이 났을 때 어떻게 도왔나?

5. 필립 풀은 누구며, 모르스 박사는 왜 모르스를 그에게 데리고 갔나?

6. 모르스 박사는 왜 핀리를 토끼에 비유하고 시드니를 거북이에 비유했나?

7. 시드니가 없어졌을 때 빌리의 할아버지는 옥수수 절구를 어떻게 사용했나?

8. 빌리가 핀리에게 준 보이지 않는 글씨는 무슨 내용이었나? 핀리는 그것을 어떻게 읽을 수 있었나?

10. 핀리는 필립스 아카데미에서 어머니가 싸준 파이를 어떻게 사용했나?

11. 핀리는 어쩌다가 발표회 때 발표를 하지 못했나?

12. 사무엘(핀리)은 어디에서 전기와 배터리에 대해 배웠나?

13. 사무엘은 왜 런던에 갔나? 누구에게서 그림을 배웠나?

14. 사무엘은 프랑스에서 미국으로 오는 항해에서 어떤 아이디어를 얻었나?

15. 사무엘이 그가 발명한 전신기로 보낸 첫 번째 편지 내용은 무엇인가?

함께 생각해볼까요?

1. 과거에는 멀리 떨어져 있는 두 사람(지점) 사이에서 어떤 방법으로 신호를 주고받았나? 얼마나 빨리 주고받을 수 있었나?

2. 전신기는 어떻게 작용하는 기계인가? 왜 막대와 점으로 된 모르스부호가 필요했나?

4. 당신은 학교 공부보다 더 좋아하는 것이 있는가? 만일 하고 싶은 것을 마음대로 할 수 있다면, 무엇을 하고 싶은가?

5. 앞으로 신호를 보내기 위해 어떤 새로운 방법이 등장할까? 지금보다 더 빠른 방법이 나올 수 있을까?

사무엘 모르스가 살았던 시절

1791   4월 27일 사무엘이 미국 메사추세츠주 찰스타운에서 태어났다.

1800   알레산드로 볼타가 전류가 흐르는 베터리를 발명했다.

1805   사무엘이 예일 대학에 들어갔다.

1811   런던 로얄아카데미 미술학원에서 벤자민 웨스트에게
        그림을 배웠다.

1815   보스턴에서 화실을 열었다.

1818   루크레시아 워커와 결혼했다.

1825   윌리엄 스터전이 전자석을 발명했다.

1826   내셔널 디자인 아카데미를 설립했다.

1832   전기로 흘려보낸 신호를 전자력을 사용해서 기록하는
        아이디어를 고안했다.

1837   레나드 게일, 알프레드 베일의 도움을 받아 전신을 개발했다.

1840   전신 발명 특허를 받았다.

1844   워싱턴시에서 볼티모어로 "하나님께서 얼마나 놀라운
        일을 하셨는가?"라는 전신을 보냈다.

1858   대륙을 횡단하는 첫 번째 전신이 영국 빅토리아 여왕으로
        부터 미국 부캐넌 대통령에게 보내졌다.

1861   미국 남북 전쟁이 발발하자, 남군과 북군 모두 전신을 이용했다.

1872   4월 2일 뉴욕시에서 세상을 떠났다.

유명한 위인은 처음부터 위인이었을까?
위인들의 어린시절 시리즈

각 권 10,000원 초등 2년 이상

에이브 링컨 정직한 아이
부커 T. 워싱턴 큰 꿈을 가진 아이
드와이트 아이젠하워
프랭크 울워스
조지 카버 풀과 꽃을 좋아한 아이
헨리 포드 기계를 좋아한 아이
허버트 후버 돌멩이를 모으는 아이
존 알덴 필그림이 된 아이
존 D. 록펠러 사려 깊은 아이

존 마샬 판단력 있는 아이
노아 웹스터 사전을 만드는 아이
폴 리비어 한 밤중에 달려간 아이
로버트 풀턴 만들기 좋아한 아이
토마스 에디슨 귀염둥이 질문상자
토마스 잭슨 돌벽같이 단단한 아이
윌 클락 개척지에서 자라는 아이
윌리엄 펜 평화를 사랑한 아이
나다니엘 그린 스스로 생각하는 아이

자유이야기 당신은 아는가 자유를 위해 치른 그 고귀한 희생을!

실제있었던 소설 같은 이야기. 중세 몰락의 시발점에서 신세계 발견에 이르기까지, 목숨을 걸고 자유와 진리를 고수하려던 이름없는 사람들의 이야기. 이 책에서 우연히 일어나는 사건이라고는 찾아볼 수 없을 것이다.

뉴베리상 칼데컷 어너 수상자 제임스 도허티

마그나 카르타 존왕과 대헌장 이야기

존왕과 귀족들을 중심으로, 십자군 원정의 영웅 사자왕 리차드, 의적 로빈훗과 그 일당. 의역과 악역이 따로 없으며, 승패의 예측을 불허하는 중세유럽의 대서사시. 말로만 듣던 중세 유럽의 봉건제도란 바로 이런 것이었다.

메이플라워호를 타고 온 사람들

양심을 타협하기 거부했던 사람들은 자유를 찾아 방랑하는 도망자가 된다. 온갖 역경 끝에 신세계의 황무지에 정착하자, 질병과 굶주림의 절반의 목숨을 앗아간다. 미국 탄생 속에 숨겨진 가슴 뭉클한 실화.

아메리카 대장정 사상 최초의 북미대륙 횡단기

역사상 최초로 북미대륙을 횡단한 루이스와 클락의 탐험이야기. 한계를 모르고 도전하는 인간의 모험심, 두려움을 거부하는 불굴의 용기, 역경을 정복하는 인간의 의지력. 미국 서부개척정신의 진수를 보여준다.

푸어 리차드-벤자민 프랭클린 이야기

정직, 근면, 검약을 신조로 맨손에서 자수성가하는 아메리칸 드림의 원조. 가난한 인쇄공에서 국가 최고 지도자가 되고, 서민의 친구이자 혁명가가 된 양키 중의 양키

초등 5년 이상

잠언 생활 동화 시리즈

성경의 주옥같은 잠언. 어떻게 하면 아이들에게 쉽게 가르쳐줄 수 있을까? 아이들이 날마다 경험하는 친근한 사건들을 통해 잠언을 재미있고 쉽게 가르쳐주는 생활동화   각 권 10,000원 초등 2년 이상

참 잘했어요
날마다 지혜로와지는 밀러네 아이들

친척들이 모인 날 티미는 왜 코피가 터졌나? 죄를 우습게 보는 것이 왜 위험한가? 아버지는 한밤중에 습격하는 강도를 어떻게 막을 수 있을까?

이럴 땐 어떡하죠?
어떻게 하는 것이 옳은 행동인가?

어리석은 농담이 어떤 안 좋은 결과를 가져왔나? 쇼핑몰에 간 티미는 어쩌다가 길을 잃어버렸나? 그리고 무엇 때문에 어머니날 불꽃놀이를 놓쳤나?

좋은 친구
친구들과 함께 놀며 공부하는 밀러네 아이들

피터는 또래집단의 압박을 어떻게 극복하였나? 진짜로 좋은 이름은 어떤 이름인가? 5달러짜리 야구 글러브보다 더 중요한 것은?

선교지 이야기
선교지에서 실제 일어난 놀라운 이야기들. 선교사들은 어떻게 하나님의 부르심에 응답했는가? 어떻게 기적적으로 위험을 모면했는가? 그리고 어떻게 예수님을 위해서 죽음을 선택했는가? 예수님의 용사들은 반드시 승리합니다!

사무엘 모르스: 호기심이 많은 아이
초판 1쇄 발행일 2013년 12월 20일
초판 2쇄 발행일 2015년 10월 15일

지은이 도로시아 스노우 • 그림 도로시 베일리 모르스 • 옮긴이 오소희
편집 이윤숙 • 디자인 안성현 알리사

발행인 리빙북 경기도 군포시 오금로 34 1504-380
이메일 livingbook.kr@daum.net
전화 070-7883-3393 팩스(도서주문) 031-943-1674
은행계좌 국민은행(예금주:리빙북) 639001-01-609599
출판등록 제399-2013-000031호
저작권 법에 의해 한국 내에서 보호를 받는 저작물로 무단 전제와 복제를 금합니다.

책값은 뒤표지에 있습니다
© 1955, Dorothea J. Snow
© 2013, Living Books
ISBN 978-89-92917-38-4

livingbook.kr